From the Treasures of Arabic Morphology

An English Translation of
من كنوز الصرف

Maulana Ebrahim Muhammad

HA-MEEM PUBLICATIONS
🌐 www.hameemstore.com
📷 @hameemstore
✉ orders@hameemstore.com
💬 +1 (416) 879-2545

First Authorized Edition 2023
Copyright © 2006 Madrasah In'āmiyyah

All rights reserved. No part of this book may be reproduced, stored in a retrieval system, or transmitted in any form, or by any means, electronic, mechanical, photocopying, or otherwise, without the prior permission of Madrasah In'āmiyyah, except in the case of brief quotations embodied in critical articles and reviews.

Contents

Introduction	10
Some Useful Terms	11
Arabic Terms	12
The Types of Words	14
Transitive and Intransitive Verbs	15
Positive and Negative	15
Active and Passive	15
The Second Category of Verbs	16
Exercise 1	17
Types of Nouns	18
The Scales of Verbs	20
Exercise 2	22
The Categories of Triliteral Verbs	23
Exercise 3	25
The Perfect Active (الماضي المعروف)	26
Exercise 4	28
The Perfect Passive (الماضي المجهول)	29
Exercise 5	33
The Imperfect (المضارع)	35
Exercise 6	38
The Imperfect Passive (المضارع المجهول)	39
Exercise 7	40
The (حروف ناصبة)	41
Exercise 8	44
The (حروف جازمة)	45
Exercise 9	49
The (لام) and (نون) of Emphasis	50
Exercise 10	55
The Imperative (أمر)	56
Exercise 11	61

The Prohibition (النهي)	61
Exercise 12	65
The Derived Nouns (الأسماء المشتقة)	66
The Active Participle (اسم الفاعل)	66
Exercise 13	68
The Passive Participle (اسم المفعول)	69
Exercise 14	70
The Elative (اسم التفضيل)	71
Exercise 15	73
The (صفة مشبهة)	74
The Noun of the Instrument (اسم الآلة)	76
Exercise 16	78
The Adverb (اسم الظرف)	79
Exercise 17	81
The Intensive Adjective (صيغة المبالغة)	82
Exercise 18	84
The Categories (أبواب) of Verbs	85
The (أبواب) of (ثلاثي مجرد)	85
The First (باب)	85
The Second (باب)	86
The Third (باب)	86
The Fourth (باب)	87
The Fifth (باب)	88
The Sixth (باب)	88
Exercise 19	90
The (أبواب) of (ثلاثي مزيد فيه)	91
Construction of the Derived Nouns	95
The Abbreviated Paradigm of each (باب)	97
(باب إفعال)	97

Exercise 20	99
(باب تفعيل)	99
Exercise 21	101
(باب مفاعلة)	101
Exercise 22	103
(باب إنفعال)	103
Exercise 23	105
(باب إفتعال)	105
Exercise 24	110
(باب إفعلال)	110
Exercise 25	112
(باب تفعّل)	112
Exercise 26	114
(باب تفاعل)	114
Exercise 27	117
(باب إستفعال)	117
Exercise 28	119
(باب إفعيعال)	119
Exercise 29	121
(باب إفعيلال)	121
Exercise 30	123
(باب إفعوّال)	123
Exercise 31	125
Four Root-Letter Verbs	126
Exercise 32	129
The Derived Forms of Four Root-Letter Verbs	130
(باب تفعلُل)	130
Exercise 33	132
(باب افعلّال)	132
Exercise 34	134

(باب افعنلال)	134
Exercise 35	136
Other Derived Forms	137
Exercise 36	142
The Seven Categories	143
Exercise 37	146
The Rules of (مهموز)	147
Rule 1	147
Rule 2	147
Rule 3	148
Rule 4	148
Rule 5	150
Rule 6	151
Rule 7	152
Rule 8	153
Rule 9	154
Rule 10	156
Exercise 38	156
The Orthography of the Hamzah	157
The Paradigms of (مهموز)	158
Exercise 39	160
Exercise 40	161
Exercise 41	163
Discussion of (مهموز العين)	163
Discussion of (مهموز اللام)	164
Exercise 42	165
The Rules of (معتل)	166
Rule 1	166
Rule 2	167
Rule 3	168
Rule 4	169
Rule 5	170
Rule 6	171

Rule 7	171
Rule 8	179
Rule 9	184
Rule 10	189
Exercise 43	193
Rule 11	193
Rule 12	194
Rule 13	195
Rule 14	196
Rule 15	199
Rule 16	199
Rule 17	202
Rule 18	203
Rule 19	204
Rule 20	205
Rule 21	206
Rule 22	207
Rule 23	208
Rule 24	209
Rule 25	210
Rule 26	212
Exercise 44	213
The Paradigms of (مثال)	214
Exercise 45	220
The Paradigms of (أجوف)	221
Exercise 46	228
The Paradigm of (أجوف يائي)	229
Exercise 47	240
The Paradigms of (ناقص) and (لفيف)	241
Exercise 48	250
Exercise 49	260
Exercise 50	271
Combination of (مهموز) and (معتل)	272
Exercise 51	283

The Rules of (مضاعف)	284
Rule 1	284
Rule 2	286
Rule 3	287
Rule 4	288
Rule 5	289
Exercise 52	290
Exercise 53	297
A Combination of (مضاعف), (مهموز) and (معتل)	301
Exercise 54	303
Special Meanings (خاصيات) of Each (باب)	304
The (خاصيات) of (باب نصر)	304
The (خاصيات) of (باب ضرب)	304
The (خاصيات) of (باب سمع)	305
The (خاصيات) of (باب كرم)	305
The Derived Categories	306
The (خاصيات) of (باب إفعال)	306
The (خاصيات) of (باب تفعيل)	309
The (خاصيات) of (باب مفاعلة)	311
The (خاصيات) of (باب إفتعال)	312
The (خاصيات) of (باب إنفعال)	314
The (خاصيات) of (باب إفعلال)	314
The (خاصيات) of (باب تفعل)	315
The (خاصيات) of (باب تفاعل)	317
The (خاصيات) of (باب إستفعال)	318
The (خاصيات) of (باب إفعيعال)	319
The (خاصيات) of (باب إفعيلال)	320
The (خاصيات) of (باب إفعوّال)	320
The (خاصيات) of (باب فعللة)	321

The (خاصيات) of (باب تفعلل)	321
The (خاصيات) of (باب إفعنلال)	322
The (خاصيات) of (باب إفعلاّل)	322
Application of the Special Meanings	323
Challenging Words	325
Appendix A - Morphology or Etymology?	352
Bibliography	356

From the Treasures of Arabic Morphology

بسم الله الرحمن الرحيم

Introduction

Arabic Morphology (علم الصرف) is a branch of Arabic Grammar dealing with word-forms and patterns. It is highly essential for the incumbent student of Arabic to learn this science in order to be proficient in the language. Acquiring an understanding of word patterns is of prime importance in learning the language.

This is a comprehensive book dealing with all the important aspects of the subject. If a student has to study this book thoroughly, he would develop a very good foundation in this science and it would absolve him of the need to study any further books on the subject.

The Arabic names of morphologic terms have been adopted instead of the Urdu forms commonly found in the text books of Islamic seminaries. Thus I have used the term (عين الكلمة) instead of (عين كلمة). Similarly, instead of writing (حركت), the correct Arabic form of (حركة) has been used while the term (الماضي) is used instead of (ماضي) which is incorrect. This will enable the student to learn the correct Arabic terms from the initial stages of his learning.

Included also is a collection of rules of word-changes which affect many Arabic verbs and nouns. The rules have been clearly explained with examples and a step by step method as to how a word is changed from its original form to its present one.

It is hoped that this book will be beneficial for the students of Arabic Grammar and Morphology and simplify the path to understanding the intricacies of the language. Āmīn.

For a detailed discussion on the name of this subject, whether it is called Morphology or Etymology, refer to Appendix A at the end of this book.

Some Useful Terms

Conjugation: A paradigm, class, or table of verb forms in such inflected languages as Latin and French, where elements are distinguished from each other by patterns of inflection relating to tense, person, number.[1]

Declension: A term used to describe the case system of nouns and other words.[2]

Inflection: The variation or change of form that words undergo to mark distinctions of case, gender, number, tense, person, mood, voice, comparison.[3]

Linguistics and **Philology**: The study of language.

Paradigm: pronounced (pa-ra-dime), in grammar, a set of all the (especially inflected) forms of a word (write, writes, wrote, writing, written), especially when used as a model for all other words of the same type.[4]

---

[1] The Oxford Companion to the English Language, p. 256, 1992.
[2] Ibid, p. 281.
[3] Websters Third New International Dictionary, vol. 2, p. 1160.
[4] The Oxford Companion to the English Language, p. 747, 1992.

Arabic Terms

The following are some of the Arabic terms used frequently in this book. It would be advisable to learn them thoroughly as they are frequently used throughout the book.

Term	Meaning
فتحة	A diacritical point ︱ denoting the sound of 'a'.
ضمة	A diacritical point - ُ denoting the sound of 'u'.
كسرة	A diacritical point - ِ denoting the sound of 'i'.
سكون ، جزم	A diacritical point - ْ that serves the purpose of joining two letters in pronunciation
مفتوح	A letter having a fat<u>h</u>ah, e.g. (فَ)
مضموم	A letter having a <u>d</u>ammah, e.g. (ضُ)
مكسور	A letter having a kasrah, e.g. (كِ)
ساكن ، مجزوم	A letter having a sukûn or jazm, e.g. (سْ)
حركة	The three diacritical points, fat<u>h</u>ah <u>d</u>ammah and kasrah are each called a harakah
متحرك	A letter having a harakah, e.g. (فَ)

فاء الكلمة	The first root letter of a word, also referred to as consonant or radical, e.g. the (ف) of (فَتَحَ)
عين الكلمة	The second root letter of a word, e.g. the (ت) of (فَتَحَ)
لام الكلمة	The third root letter of a word, e.g. the (ح) of (فَتَحَ)
صيغة	Word-form denoting the number, gender and mood of the verb
أبواب	(أبواب) is the plural of (باب) which refers to a category of verbs belonging to one class. The first verb of the perfect tense (الماضي) and the imperfect tense (المضارع), are used to indicate the diacritical points of the alphabets of the verbs.

The Types of Words

Term	Meaning	Example
كَلِمَةٌ	word	كِتَابٌ
اسْمٌ	noun	رَجُلٌ
فِعْلٌ	verb	فَعَلَ
حَرْفٌ	particle – it is dependent on either an (اســم) or (فعــل) in conveying its meaning	مِنْ

With regards to meaning and tense, a verb is of three types:

Term	Meaning	Example
الماضي	Indicates the occurrence of an action in the past tense. It is referred to as the perfect tense in English.	فَعَــلَ – He did.
المضارع	Indicates the occurrence of an action in the present or future tense. It is referred to as the imperfect tense in English.	يَفْعَلُ – He is doing or he will do.
الأمر	a command	افْعَــلْ – You do.

Transitive and Intransitive Verbs

Term	Meaning	Example
اللازم	Intransitive – does not require an object	يَمْشِي - He is walking.
المتعدي	Transitive - requires an object	يَفْتَحُ الْبَابَ – He is opening the door.

Positive and Negative

Term	Meaning	Example
إثبات	positive	يَفْعَلُ – He is doing.
نفي	negative	لاَ يَفْعَلُ – He is not doing.

The terms (مثبت) and (منفي) are also used.

Active and Passive

Term	Meaning	Example
معروف	active tense – the doer of the action is known	يَفْعَلُ – He is doing.
مجهول	passive tense – the doer of the action is not known	يُفْعَلُ – It is being done.

The Second Category of Verbs

With regard to the root letters (الحروف الأصلية) of a verb, they are of two types:

Term	Meaning	Example
ثلاثي	3 root letters or triliteral	نَصَرَ
رباعي	4 root letters or quadriliteral	بَعْثَرَ

Each of these two types is further divided into two categories:

(1) (مجرد) – the (الماضي) consists of root letters only, without any extra letters.

(2) (مزيد فيه) - the (الماضي) has root letters plus extra letters.

This results in the following four categories:

Term	Meaning	Example
ثلاثي مجرد	3 root letters only	نَصَرَ
ثلاثي مزيد فيه	3 root letters plus extra letters	اِجْتَنَبَ
رباعي مجرد	4 root letters only	بَعْثَرَ
رباعي مزيد فيه	4 root letters plus extra letters	تَسَرْبَلَ

Exercise 1

(1) Determine whether the following verbs have 3 root-letters or 4 root-letters.

(a) أَكَلَ

(b) دَحْرَجَ

(c) خَرَجَ

(d) زَعْفَرَ

(e) قَنْطَرَ

(2) What do the following terms mean:

Term	Meaning
الماضي	
المضارع	
الأمر	
ثلاثي	
رباعي	
مجرد	
مزيد فيه	

From the Treasures of Arabic Morphology

Types of Nouns

(1) There are three types of nouns - (أسماء):

[a] مصدر , [b] مشتق and [c] جامد.

(2) The (مصدر – verbal noun) is a word that indicates the occurrence of an action and is free of tense e.g. (اَلنَّصْرُ) – to assist.

(3) The (مشتق) is a word derived from a verb e.g. (نَاصِرٌ) – helper is derived from (نَصَرَ).

(4) The (جامد) is neither a (مصدر) nor a (مشتق) e.g. (رَجُلٌ) – man.

(5) The (مصدر) and the (مشتق) also fall under the categories of (ثلاثي), (رباعي), (مجرد) and (مزيد فيه) like the (فعل). The categories mentioned under the verb like (صحيح) etc. also apply to an (اسم).

(6) The noun (جامد) with regard to its letters can either have three root letters (triliteral), four root letters (quadriliteral) or five root letters (quinquiliteral). It is therefore of six types:

[1] (ثلاثي مجرد) e.g. (رَجُلٌ) – a man

[2] (ثلاثي مزيد فيه) e.g. (حِمَارٌ) – a donkey

[3] e.g. (رباعي مجرد) (عَقْرَبٌ) – scorpion

[4] (رباعي مزيد فيه) e.g. (قِرْطَاسٌ) - paper

[5] (خماسي مجرد) e.g. (سَفَرْجَلٌ) - quince

[6] (خماسي مزيد فيه) e.g. (عَنْكَبُوْتٌ) – a spider

(7) The scholars of morphology generally deal with the (فعـــل) because most of the changes (تصـــريفات) occur in a (فعـــل) while few changes occur in an (اســـم) and none occur in a (حرف).

From the Treasures of Arabic Morphology

The Scales of Verbs

The Arabic verb is constructed from a root which usually consists of three letters called consonants or radicals. These consonants form a kind of skeleton which constitutes the verb-stem to which prefixes and suffixes may be added.

Arabic verbs are mostly triliteral, that is, they are constructed of three root letters. The simplest form of the verb is the third person masculine singular of the perfect tense (واحـد مـذكر غائـب مـن الفعـل الماضـي). In most dictionaries, all the words derived from a triliteral root are entered under the third person masculine singular form of the verb.

In Arabic, there are two main tenses, the perfect or past tense (الماضـي), denoting actions completed at the time to which reference is made; and the imperfect (المضـارع), for incompleted actions, referring to the present or future tenses. The present and future tenses are thus expressed by the imperfect form (المضـارع). The imperative (الأمـر) may be considered a modification of the imperfect.

To indicate patterns or type-forms of verbs, the grammarians use the three letters of the verb (فَعَـلَ), where the (ف) represents the first radical of the verb, the (ع) represents the second radical of the verb and the (ل) represents the third radical of the verb. This is the scale

(مِيْزَان) or standard by which the root letters of a verb are determined. Accordingly, the word (كَتَبَ) is on the scale of (فَعَلَ), (يَكْتُبُ) is on the scale of (يَفْعُلُ) and (أُكْتُبْ) is on the scale of (أُفْعُلْ).

The letter that corresponds to the (ف) of the (ميزان) is called the (فَاءُ الْكَلِمَةِ), that which corresponds to the (ع) is called the (عَيْنُ الْكَلِمَةِ) while the letter corresponding to the (ل) is called the (لَامُ الْكَلِمَةِ).

Example: the word (كَتَبَ) is on the scale of (فَعَلَ):

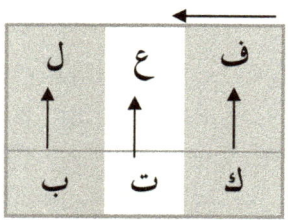

Exercise 2

(1) Determine the scales of the following verbs and what each letter represents. The first one has been done for you.

(a) (نَصَرَ)

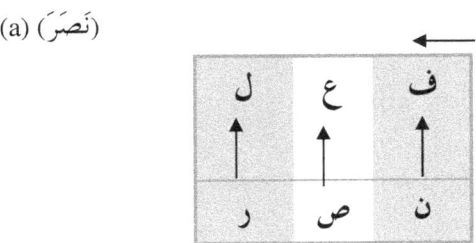

The (ن) is the (فاء الكلمة), the (ص) is the (عـــين الكلمـــة), the (ر) is the (لأمُ الكلمة).

(b) (إِسْمَعْ)

(c) (تَفْتَحُ)

(d) (نَضْرِبُ)

(e) (يَجْعَلُ)

(f) (كَرُمَ)

(g) (يَحْسِبُ)

(h) (يَذْهَبُ)

(i) (سَأَلَ)

(j) (سَرَقَ)

The Categories of Triliteral Verbs

(أبواب الثلاثي المجرد)

(1) The first and third letters of a simple triliteral verb in the active tense is always vowelled with a fathah (فتحة). The second letter or radical may be vowelled by a (فتحة), (كسرة) or (ضمة). The active perfect tense (الفعل الماضي المعروف) of triliteral verbs (ثلاثي مجرد) is used on three scales:

[a] فَعَلَ e.g. (فَتَحَ)
[b] فَعِلَ e.g. (سَمِعَ)
[c] فَعُلَ e.g. (كَرُمَ)

(2) The conjugation of the (فَعِلَ) and (فَعُلَ) forms is similar to the conjugation of (فَعَلَ).

(3) The imperfect tense (مضارع معروف) of (فَعَلَ) is sometimes (يَفْعَلُ) e.g. (فَتَحَ يَفْتَحُ) and sometimes (يَفْعُلُ) e.g. (نَصَرَ يَنْصُرُ) and sometimes (يَفْعِلُ) e.g. (ضَرَبَ يَضْرِبُ).

(4) The conjugation of the (يَفْعُلُ) and (يَفْعِلُ) is similar to the conjugation of (يَفْعَلُ).

From the Treasures of Arabic Morphology

(5) The (يَفْعَلُ) of (مضارع معروف) (فَعَلَ) is sometimes e.g. (سَمِعَ يَسْمَعُ) and sometimes (يَفْعِلُ) e.g. (حَسِبَ يَحْسِبُ).

(6) The (يَفْعُلُ) of (مضارع معروف) (فَعُلَ) is only e.g. (كَرُمَ يَكْرُمُ).

(7) The (الماضي المجهول) of all three scales is (فُعِلَ).

(8) The (مضارع مجهول) of all three scales is (يُفْعَلُ).

(9) Based on the above-mentioned facts, there are six categories (أبواب) of (ثلاثي مجرد) which are as follows:

(1) (نَصَرَ يَنْصُرُ)

(2) (ضَرَبَ يَضْرِبُ)

(3) (فَتَحَ يَفْتَحُ)

(4) (سَمِعَ يَسْمَعُ)

(5) (كَرُمَ يَكْرُمُ)

(6) (حَسِبَ يَحْسِبُ)

(10) There is no rule to specify which verb belongs to which category (باب). It is based on (سماع) – as heard from the Arabs. One can also ascertain which category a verb belongs to from a dictionary. There are however certain guidelines which are as follows:

[a] If the verb belongs to the category of (فَتَحَ

From the Treasures of Arabic Morphology

(يَفْـتَحُ) the second or third letter will be from the (حُـروف حلقية)[5], e.g. (ذَهَبَ يَذْهَبُ), (سَأَلَ يَسْأَلُ), (جَمَعَ يَجْمَعُ).

[b] If the perfect (الفعل الماضي) is of the form (فَعِلَ), the imperfect (الفعل المضارع) is generally from the category of (سَمِعَ يَسْمَعُ).

[c] If the perfect (الفعل الماضي) is of the form (فَعُلَ), the imperfect (الفعل المضارع) is generally from the category of (كَرُمَ يَكْرُمُ).

Exercise 3

To which category (بـاب) does each of the following verb belong:

(1) (بَعَثَ يَبْعَثُ)

(2) (تَرَكَ يَتْرُكُ)

(3) (فَهِمَ يَفْهَمُ)

(4) (طَلَبَ يَطْلُبُ)

(5) (سَرَقَ يَسْرِقُ)

---

[5] The (حروف حلقية) are the following six letters: (ء، هـ، ع، ح، غ، خ).

From the Treasures of Arabic Morphology

The Perfect Active Tense (الماضي المعروف)

(1) There are 14 word-forms (صِيغة) of the perfect tense (الفعل الماضي). All three diacritical points or vowels (حركات) can be used on the (عين الكلمة) as is apparent from the above-mentioned six categories (أبواب).

(2) The Arab Grammarians usually begin the Perfect (الفعل الماضي) and Imperfect (الفعل المضارع) conjugations with the third person (غائب), followed by the second person (مخاطب) and finally the first person (متكلم).

(3) Unlike English, Arabic also has a dual form for the second and third persons. As for the first person, the plural form is used for both the dual and plural.

(4) Hereunder follow the paradigms of the perfect tense. Note that the first three froms are for the masculine while the second three are for the feminine of the third person. The following six forms are for the second person, the first three being for the masculine and the second three for the feminine. The final two forms are for the first person.

الفعل الماضي المعروف المثبت

Verb	الصيغة (Word-form)
فَعَلَ	واحد مذكر غائب
فَعَلَا	تثنية مذكر غائب
فَعَلُوْا	جمع مذكر غائب
فَعَلَتْ	واحد مؤنث غائب
فَعَلَتَا	تثنية مؤنث غائب
فَعَلْنَ	جمع مؤنث غائب
فَعَلْتَ	واحد مذكر حاضر
فَعَلْتُمَا	تثنية مذكر حاضر
فَعَلْتُمْ	جمع مذكر حاضر
فَعَلْتِ	واحد مؤنث حاضر
فَعَلْتُمَا	تثنية مؤنث حاضر
فَعَلْتُنَّ	جمع مؤنث حاضر
فَعَلْتُ	واحد متكلم
فَعَلْنَا	جمع متكلم

Exercise 4

Conjugate the following verbs in the perfect tense (الماضـــي) (المعروف) in table form :

(a) (غَلَبَ يَغْلِبُ)
(b) (نَجَحَ يَنْجَحُ)
(c) (قَتَلَ يَقْتُلُ)
(d) (بَعَثَ يَبْعَثُ)
(e) (دَخَلَ يَدْخُلُ)
(f) (كَتَبَ يَكْتُبُ)
(g) (عَلِمَ يَعْلَمُ)
(h) (نَعِمَ يَنْعِمُ)
(i) (جَحَدَ يَجْحَدُ)
(j) (قَبِلَ يَقْبَلُ)

The Perfect Passive (الماضي المجهول)

The (الماضي المجهول) is constructed from the (الماضي المعروف) in all triliteral verbs (ثلاثي مجرد). If we take the first verb, namely the third person singular form, (فَعَلَ), a (ضمة) is rendered to the first letter, a (كسرة) is rendered to the second letter while the third letter remains in its original condition. The result is (فُعِلَ). No matter what the (حركة) of the second letter in the active tense is, in the passive tense it will always be (مكسور). Examples:

Passive - (مجهول)	Active - (معروف)
نُصِرَ	نَصَرَ
سُمِعَ	سَمِعَ
كُرِمَ	كَرُمَ

Note that the intransitive verbs can be used in the passive tense if they are used with a particle (حرف), e.g.

(ذُهِبَ بِهِ) – It was taken.

الفعل الماضي المجهول المثبت

Word-form	Verb
singular masculine 3rd person	فُعِلَ
dual masculine 3rd person	فُعِلَا
plural masculine 3rd person	فُعِلُوْا
singular feminine 3rd person	فُعِلَتْ
dual feminine 3rd person	فُعِلَتَا
plural feminine 3rd person	فُعِلْنَ
singular masculine 2nd person	فُعِلْتَ
dual masculine 2nd person	فُعِلْتُمَا
plural masculine 2nd person	فُعِلْتُمْ
singular feminine 2nd person	فُعِلْتِ
dual feminine 2nd person	فُعِلْتُمَا
plural feminine 2nd person	فُعِلْتُنَّ
singular first person	فُعِلْتُ
dual and plural first person	فُعِلْنَا

الفعل الماضي المعروف المنفي

Verb	Pronoun
مَا فَعَلَ	هُوَ
مَا فَعَلَا	هُمَا
مَا فَعَلُوْا	هُمْ
مَا فَعَلَتْ	هِيَ
مَا فَعَلَتَا	هُمَا
مَا فَعَلْنَ	هُنَّ
مَا فَعَلْتَ	أَنْتَ
مَا فَعَلْتُمَا	أَنْتُمَا
مَا فَعَلْتُمْ	أَنْتُمْ
مَا فَعَلْتِ	أَنْتِ
مَا فَعَلْتُمَا	أَنْتُمَا
مَا فَعَلْتُنَّ	أَنْتُنَّ
مَا فَعَلْتُ	أَنَا
مَا فَعَلْنَا	نَحْنُ

The words (مَـا) or (لَا) are used for the negative sense. To use (لَا) with (الماضي), the condition is that the (لَا) must be repeated eg. (فَلَا صَدَّقَ وَ لَا صَلَّى).

The column on the right indicates how the pronouns (ضَمائر) are used with the verbs.

الفعل الماضي المجهول المنفي

Word-form	Verb
الغائب	مَا فُعِلَ
الغائبان	مَا فُعِلَا
الغائبون	مَا فُعِلُوْا
الغائبة	مَا فُعِلَتْ
الغائبتان	مَا فُعِلَتَا
الغائبات	مَا فُعِلْنَ
المخاطب	مَا فُعِلْتَ
المخاطبان	مَا فُعِلْتُمَا
المخاطبون	مَا فُعِلْتُمْ
المخاطبة	مَا فُعِلْتِ
المخاطبتان	مَا فُعِلْتُمَا
المخاطبات	مَا فُعِلْتُنَّ
المتكلم	مَا فُعِلْتُ
المتكلم مع الغير	مَا فُعِلْنَا

Note the Arabic terms used for the different word-forms in this table.

Exercise 5

(a) Translate the following sentences:

(1) هُوَ قَرَا الْقُرْآنَ

(2) قُرِءَ الْقُرْآنُ

(3) هُمَا كَتَبَتَا مَكْتُوبَيْنِ

(4) الْبِنْتَان طَلَبَتَا

(5) أَنْتَ أَكَلْتَ تُفَّاحًا

(6) أَنْتُمْ بُعِثْتُمْ إِلَى مَكَّةَ

(7) أَنْت طَلَبْت الْعِلْمَ

(8) أَنْتُنَّ بُعِثْتُنَّ إِلَى الْمُسْتَشْفَى

(9) نَحْنُ شَرِبْنَا لَبَنًا

(10) مَا فَهِمْنَا قَوْلَكُمْ

(b) What is the (صيغة) of the following verbs:

[1] (كم من فئة قليلة **غَلَبَتْ** فئة كثيرة بإذن الله)

[2] (من **قَتَلَ** نَفْسًا)

[3] (كم **تَرَكُوا** من جنات)

[4] (مما **تَرَكَ** الوالدان)

[5] (فمن **شَرِبَ** منه)

[6] (فَشرِبُوْا منه)
[7] (كُتِبَ عليكم الصيام)
[8] (وإذا الموؤودة سُئِلَتْ)
[9] (بأيِّ ذنب قُتِلَتْ)
[10] (ومما رَزَقْنَاهُمْ)

(c) Are the following verbs (معروف) or (مجهول)?

[1] (حَزِنَ)
[2] (قُبِلْتَ)
[3] (ظُهِرْتُنَّ)
[4] (بَعُدَ)
[5] (قُصِدْنَا)

The Imperfect (المضارع)

The Imperfect (المضارع) is formed by adding prefixes and/or suffixes to the perfect tense. The prefixes can either be any of the letters (أَتَيْنَ). The suffixes may either be (ان), (ون), (ين) or just (ن).

After adding the prefix, the first radical or letter of the verb has (سكون), e.g. the (ف) of (يَفْعَلُ) has a sukûn. The second letter can have any of the three harakât, depending on which category (باب) the verb belongs to.

In the indicative case (حالة الرفع), the final vowel of the third radical (لام الكلمة) is (ضمة) in the singular form of the verb, e.g. (يَفْعَلُ), (تَفْعَلُ), (أَفْعَلُ) and (نَفْعَلُ). For the subjunctive case (حالة النصب), this (ضمة) is changed to (فتحة), e.g. (يَفْعَلَ), (تَفْعَلَ), (أَفْعَلَ) and (نَفْعَلَ); while for the jussive case (حالة الجزم), it is replaced by a (سكون), e.g. (يَفْعَلْ), (تَفْعَلْ), (أَفْعَلْ) and (نَفْعَلْ). The changes in the singular and dual forms will be discussed later.

الفعل المضارع المعروف المثبت

Meaning	Verb
He is doing or he will do.	يَفْعَلُ
They (2 males) are doing or they will do.	يَفْعَلَانِ
They (plural males) are doing or they will do.	يَفْعَلُوْنَ
She is doing or she will do.	تَفْعَلُ
They (2 females) are doing or they will do.	تَفْعَلَانِ
They (plural females) are doing or they will do.	يَفْعَلْنَ
You (1 male) are doing or you will do.	تَفْعَلُ
You (2 males) are doing or you will do.	تَفْعَلَانِ
You (plural males) are doing or you will do.	تَفْعَلُوْنَ
You (1 female) are doing or you will do.	تَفْعَلِيْنَ
You (2 females) are doing or you will do.	تَفْعَلَانِ
You (plural females) are doing or you will do.	تَفْعَلْنَ
I am doing or will do.	أَفْعَلُ
We are doing or we will do.	نَفْعَلُ

الفعل المضارع المجهول المثبت	الفعل المضارع المعروف المنفي	الفعل المضارع المجهول المنفي
يُفْعَلُ	لاَ يَفْعَلُ	لاَ يُفْعَلُ
يُفْعَلَانِ	لاَ يَفْعَلَانِ	لاَ يُفْعَلَانِ
يُفْعَلُوْنَ	لاَ يَفْعَلُوْنَ	لاَ يُفْعَلُوْنَ
تُفْعَلُ	لاَ تَفْعَلُ	لاَ تُفْعَلُ
تُفْعَلَانِ	لاَ تَفْعَلَانِ	لاَ تُفْعَلَانِ
يُفْعَلْنَ	لاَ يَفْعَلْنَ	لاَ يُفْعَلْنَ
تُفْعَلُ	لاَ تَفْعَلُ	لاَ تُفْعَلُ
تُفْعَلَانِ	لاَ تَفْعَلَانِ	لاَ تُفْعَلَانِ
تُفْعَلُوْنَ	لاَ تَفْعَلُوْنَ	لاَ تُفْعَلُوْنَ
تُفْعَلِيْنَ	لاَ تَفْعَلِيْنَ	لاَ تُفْعَلِيْنَ
تُفْعَلَانِ	لاَ تَفْعَلَانِ	لاَ تُفْعَلَانِ
تُفْعَلْنَ	لاَ تَفْعَلْنَ	لاَ تُفْعَلْنَ
أُفْعَلُ	لاَ أَفْعَلُ	لاَ أُفْعَلُ
نُفْعَلُ	لاَ نَفْعَلُ	لاَ نُفْعَلُ

Exercise 6

(1) To which category (بَــاب) do each of the following verbs belong:

(a) (خلَق يخلُق)

(b) (ظلَم يظلِم)

(c) (عبَد يعبُد)

(d) (ملَك يملِك)

(e) (نظَر ينظُر)

(2) What is the (صيغة) of the following words:

(1) ولكن المنافقين لاَ يَعْلَمُوْنَ

(2) وأنا بريئ مما تَعْمَلُوْنَ

(3) إن الله لاَ يَظْلِمُ الناس شيئا

(4) لاَ أَمْلِكُ لِنَفْسِيْ

(5) الذين يَأْكُلُوْنَ

(6) لاَ أَعْبُدُ الذي فطرني

(7) أَفَلاَ يَنْظُرُوْنَ إلى الإبل

(8) و يَمْنَعُوْنَ الماعون

The Imperfect Passive Tense (المضارع المجهول)

The (المضارع المجهول) is constructed from the (المضارع) المعروف) in all triliteral verbs (ثلاثي مجرد). If we take the first verb, namely the third person singular form, (يَفْعَلُ), a (ضمة) is rendered to the first letter which is the (علامة) – sign of the imperfect tense. A (فتحة) is rendered to the (عين الكلمة) while the (لام الكلمة) remains as it is. The result is (يُفْعَلُ). No matter what the (حركة) of the (عين الكلمة) in the active tense is, in the passive tense, it will always be (مفتوح). Examples:

Passive – (مجهول)	Active – (معروف)
يُنْصَرُ	يَنْصُرُ
يُسْمَعُ	يَسْمَعُ
يُضْرَبُ	يَضْرِبُ

Exercise 7

(a) Translate the following into English:

(1) لاَ يُسْئَلُ عَمَّا يَفْعَلُ وهم يُسْئَلُوْنَ

(2) يُشْرَبُ اللَّبَنُ

(3) يُؤْكَلُ الْيَوْمَ السَّمَكُ وَالأَرُزُّ

(4) يُقْتَلُ الْعَسْكَرِيُّ فِي الْمُحَارَبَةِ

(5) هَلْ يُفْهَمُ اللِّسَانُ الهِنْدِيُّ فِيْ مَكَّةَ

(b) Translate the following sentences into Arabic:
 [1] The door of the school is being opened.
 [2] He is being sent to Madînah.
 [3] The disbelievers will be defeated.
 [4] The car will be left on the road.
 [5] The book will be read today.

(c) Conjugate the following verbs into the (مضــارع) (مجهول):

(5)	(4)	(3)	(2)	(1)
يَفْرَحُ	يَهْزِمُ	يَشْكُرُ	يَرْزُقُ	يَرْجِعُ

The (حروف ناصبة)

The (حروف ناصبة) are: (أَنْ), (لَنْ), (كَيْ) and (إِذَنْ). When they precede the (فعل مضارع), they render (نصب) to the following five words:

(1) يَفْعَلُ ، واحد مذكر غائب
(2) تَفْعَلُ ، واحد مؤنث غائب
(3) تَفْعَلُ ، واحد مذكر حاضر
(4) أَفْعَلُ ، واحد متكلم
(5) نَفْعَلُ ، جمع متكلم

The (نون الإعراب) of the following seven words is deleted:

(1) يَفْعَلَانِ ، تثنية مذكر غائب
(2) يَفْعَلُوْنَ ، جمع مذكر غائب
(3) تَفْعَلَانِ ، تثنية مؤنث غائب
(4) تَفْعَلَانِ ، تثنية مذكر حاضر
(5) تَفْعَلُوْنَ ، جمع مذكر حاضر
(6) تَفْعَلِيْنَ ، واحد مؤنث حاضر
(7) تَفْعَلَانِ ، تثنية مؤنث حاضر

The following two words remain unchanged:

(1) يَفْعَلْنَ ، جمع مؤنث غائب

(2) تَفْعَلْنَ ، جمع مؤنث حاضر

The word (لَنْ) changes the positive imperfect tense (مضارع مثبت) to negative (منفي) with emphasis.

The paradigms of (معروف) – the active tense and (مجهول) – the passive tense – when used with the other particles, (أَنْ), (كَيْ) and (إِذَنْ) will be the same as was in the case of (لَنْ).

Examples:

أَنْ يَفْعَلَ	أَنْ يَفْعَلاَ	أَنْ يَفْعَلُوْا
كَيْ يَفْعَلَ	كَيْ يَفْعَلاَ	كَيْ يَفْعَلُوْا
إِذَنْ يَفْعَلَ	إِذَنْ يَفْعَلاَ	إِذَنْ يَفْعَلُوْا

Hereunder follow the paradigms of (فعل مضارع) when used with the particle (لَنْ).

تأكيد النفي مع لن علي الفعل المستقبل المعروف	تأكيد النفي مع لن علي الفعل المستقبل المجهول
لَنْ يَفْعَلَ	لَنْ يُفْعَلَ
لَنْ يَفْعَلَا	لَنْ يُفْعَلَا
لَنْ يَفْعَلُوْا	لَنْ يُفْعَلُوْا
لَنْ تَفْعَلَ	لَنْ تُفْعَلَ
لَنْ تَفْعَلَا	لَنْ تُفْعَلَا
لَنْ يَفْعَلْنَ	لَنْ يُفْعَلْنَ
لَنْ تَفْعَلَ	لَنْ تُفْعَلَ
لَنْ تَفْعَلَا	لَنْ تُفْعَلَا
لَنْ تَفْعَلُوْا	لَنْ تُفْعَلُوْا
لَنْ تَفْعَلِيْ	لَنْ تُفْعَلِيْ
لَنْ تَفْعَلَا	لَنْ تُفْعَلَا
لَنْ تَفْعَلْنَ	لَنْ تُفْعَلْنَ
لَنْ أَفْعَلَ	لَنْ أُفْعَلَ
لَنْ نَفْعَلَ	لَنْ نُفْعَلَ

From the Treasures of Arabic Morphology

Exercise 8

(1) Conjugate the following verbs using (أَنْ):

(1) يَحْصُلُ
(2) يَمْرَضُ
(3) يَشْكُرُ
(4) يَلْعَبُ
(5) يَقْرُبُ

(2) Conjugate the following verbs using (كَيْ):

(1) يَفْطُرُ
(2) يَرْفَعُ
(3) يَعْبُدُ
(4) يَمْلِكُ
(5) يَعْمَلُ

The (حروف جازمة)

The (حروف جازمة) are (إنْ), (لَمْ), (لَمَّا), (لاَمُ الأَمْرِ) and (لاَءُ النَّهْي). When they precede the (فعل مضارع), they render (جزم) to the following five words:

(1) يَفْعَلُ ، واحد مذكر غائب
(2) تَفْعَلُ ، واحد مؤنث غائب
(3) تَفْعَلُ ، واحد مذكر حاضر
(4) أفْعَلُ ، واحد متكلم
(5) نَفْعَلُ ، جمع متكلم

The (نون الإعراب) of the following seven words is deleted:

(1) يَفْعَلَانِ ، تثنية مذكر غائب
(2) يَفْعَلُوْنَ ، جمع مذكر غائب
(3) تَفْعَلَانِ ، تثنية مؤنث غائب
(4) تَفْعَلَانِ ، تثنية مذكر حاضر
(5) تَفْعَلُوْنَ ، جمع مذكر حاضر
(6) تَفْعَلِيْنَ ، واحد مؤنث حاضر
(7) تَفْعَلَانِ ، تثنية مؤنث حاضر

The following two words remain unchanged:

(1) يَفْعَلْنَ ، جمع مؤنث غائب

From the Treasures of Arabic Morphology

(2) تَفْعَلْنَ ، جمع مؤنث حاضر

The word (لَمْ) changes the positive imperfect tense (المضارع) to the negative perfect tense (الماضي المنفي المثبت).

The paradigms of (معروف) – the active voice and (مجهول) – the passive voice – when used with (إنْ), (لَمَّا), (لاَمُ الأَمْرِ) and (لاَءُ النَّهْيِ), will be the same as was in the case of (لَمْ).
Examples:

إنْ يَفْعَلُوْا	إنْ يَفْعَلاَ	إنْ يَفْعَلْ
لَمَّا يَفْعَلُوْا	لَمَّا يَفْعَلاَ	لَمَّا يَفْعَلْ
لِيَفْعَلُوْا	لِيَفْعَلاَ	لِيَفْعَلْ
لاَ يَفْعَلُوْا	لاَ يَفْعَلاَ	لاَ يَفْعَلْ

The word (لَمَّا) means 'not as yet'. Thus (لَمَّا يَفْعَلْ) will mean 'he did not do as yet'.

The (لاَمُ الأَمْرِ) enters all the word-forms of the passive tense (مجهول). In the active tense (معروف), it is only used in the third person (غائب) and first person (متكلم) word-forms.

If any of the (حروف جازمة) precede a (فعل مضارع) whose (لام)

(الكلمة) is a (حرف العلة), the (حرف العلة) is deleted.
Examples:

حروف (جازمة)	Example of (و)	Example of (ي)	Example of (ا)
لَمْ	لَمْ يَدْعُ	لَمْ يَرْمِ	لَمْ يَخْشَ
لَمَّا	لَمَّا يَدْعُ	لَمَّا يَرْمِ	لَمَّا يَخْشَ
لام الأمر	لِيَدْعُ	لِيَرْمِ	لِيَخْشَ
لاء النهي	لاَ يَدْعُ	لاَ يَرْمِ	لاَ يَخْشَ

Hereunder follow the paradigms of (فعل مضارع) when used with the particle (لَمْ).

النفي مع لَمْ علي المضارع المعروف	تأكيد النفي مع لَمْ علي المضارع المجهول
لَمْ يَفْعَلْ	لَمْ يُفْعَلْ
لَمْ يَفْعَلَا	لَمْ يُفْعَلَا
لَمْ يَفْعَلُوْا	لَمْ يُفْعَلُوْا
لَمْ تَفْعَلْ	لَمْ تُفْعَلْ
لَمْ تَفْعَلَا	لَمْ تُفْعَلَا
لَمْ يفْعَلْنَ	لَمْ يُفْعَلْنَ
لَمْ تَفْعَلْ	لَمْ تُفْعَلْ
لَمْ تَفْعَلَا	لَمْ تُفْعَلَا
لَمْ تَفْعَلُوْا	لَمْ تُفْعَلُوْا
لَمْ تَفْعَلِيْ	لَمْ تُفْعَلِيْ
لَمْ تَفْعَلَا	لَمْ تُفْعَلَا
لَمْ تَفْعَلْنَ	لَمْ تُفْعَلْنَ
لَمْ أَفْعَلْ	لَمْ أُفْعَلْ
لَمْ نَفْعَلْ	لَمْ نُفْعَلْ

Exercise 9

(1) Conjugate the following verbs using (لَمْ):

(1) يَكْرُمُ
(2) يَمْنَعُ
(3) يَشْكُرُ
(4) يَلْعَبُ
(5) يَقْرُبُ

(2) Conjugate the following verbs using (لام الأمر):

(1) يَفْجُرُ
(2) يَرْكَعُ
(3) يَعْبُدُ
(4) يَمْلِكُ
(5) يَعْمَلُ

The (لاَمْ) and (نون) of Emphasis
(لاَمُ التَّأْكِيْد ونونه) – The Energetic Forms

(1) To create emphasis in the meaning of (فعل مضارع), the (لاَمُ) (التَّأْكِيْد) is prefixed to it and (نون ثقيلة) or (نون خفيفة) suffixed to it. The (نون ثقيلة) is (مُشَدَّد) and is suffixed to all the word-forms (صِيَغْ). The (نون خفيفة) is (ساكن) and is not suffixed to the (تثنية) and (جمع مؤنث) word-forms.

(2) The letter predeing the (نون ثقيلة) is (مفتوح) in the following word-forms:

(1) يَفْعَلُ ، واحد مذكر غائب ــ لَيَفْعَلَنَّ

(2) تَفْعَلُ ، واحد مؤنث غائب ــ لَتَفْعَلَنَّ

(3) تَفْعَلُ ، واحد مذكر حاضر ــ لَتَفْعَلَنَّ

(4) أَفْعَلُ ، واحد متكلم ــ لَأَفْعَلَنَّ

(5) نَفْعَلُ ، جمع متكلم ــ لَنَفْعَلَنَّ

(3) The (نون الإعراب) is deleted in the following words before attaching the (نون التأكيد):

(1) يَفْعَلَانِ ، تثنية مذكر غائب ــ لَيَفْعَلَانٌّ

(2) يَفْعُلُوْنَ ، جمع مذكر غائب ـــ لَيَفْعُلُنَّ

(3) تَفْعَلَانِ ، تثنية مؤنث غائب ـــ لَتَفْعَلَانِّ

(4) تَفْعَلَانِ ، تثنية مذكر حاضر ـــ لَتَفْعَلَانِّ

(5) تَفْعَلُوْنَ ، جمع مذكر حاضر ـــ لَتَفْعَلُنَّ

(6) تَفْعَلِيْنَ ، واحد مؤنث حاضر ـــ لَتَفْعَلِنَّ

(7) تَفْعَلَانِ ، تثنية مؤنث حاضر ـــ لَتَفْعَلَانِّ

(4) The (الف) of the (تثنية) is retained while the (نون ثقيلة) itself becomes (مكسور), e.g. (لَيَفْعَلَانِّ).

(5) The (واو) of (جمع مذكر) and the (ي) of (واحد مؤنث) are also deleted. The (ضمة) before the (واو) and the (كسرة) before the (ي) are retained, e.g. (لَتَفْعَلُنَّ) and (لَيَفْعَلُنَّ).

(6) In the (جمع مؤنث) word-forms, an (الف) is inserted between the (نون) of (جمع) and the (نون ثقيلة) so that three nûns do not occur in one place. This will occur in the following two word-forms:

(1) يَفْعَلْنَ ، جمع مؤنث غائب ـــ لَيَفْعَلْنَانِّ

(2) تَفْعَلْنَ ، جمع مؤنث حاضر ـــ لَتَفْعَلْنَانِّ

(7) The (نون ثقيلة) itself is (مكسور) in these two words. In short,

the (نون ثقيلة) is (مكسور) after (الف) and (مفتوح) in the other instances.

(8) The (نون خفيفة) is similar to the (نون ثقيلة) except in the (تثنية) and (جمع مؤنث) word-forms. The (نون خفيفة) is only used in those words where there is no (الف) before (نون ثقيلة) and these are eight word-forms.

Once (نون ثقيلة) and (نون خفيفة) enter a (فعل مضارع), its meaning changes to the future tense.

لام التأكيد مع النون الثقيلة علي المضارع المعروف	لام التأكيد مع النون الثقيلة علي المضارع المجهول
لَيَفْعَلَنَّ	لَيُفْعَلَنَّ
لَيَفْعَلَانِّ	لَيُفْعَلَانِّ
لَيَفْعُلُنَّ	لَيُفْعَلُنَّ
لَتَفْعَلَنَّ	لَتُفْعَلَنَّ
لَتَفْعَلَانِّ	لَتُفْعَلَانِّ
لَيَفْعَلْنَانِّ	لَيُفْعَلْنَانِّ
لَتَفْعَلَنَّ	لَتُفْعَلَنَّ
لَتَفْعَلَانِّ	لَتُفْعَلَانِّ
لَتَفْعُلُنَّ	لَتُفْعَلُنَّ
لَتَفْعَلِنَّ	لَتُفْعَلِنَّ
لَتَفْعَلَانِّ	لَتُفْعَلَانِّ
لَتَفْعَلْنَانِّ	لَتُفْعَلْنَانِّ
لَأَفْعَلَنَّ	لَأُفْعَلَنَّ
لَنَفْعَلَنَّ	لَنُفْعَلَنَّ

لام التأكيد مع النون الخفيفة علي المضارع المعروف	لام التأكيد مع النون الخفيفة علي المضارع المجهول
لَيَفْعَلَنْ	لَيُفْعَلَنْ
◼	◼
لَيَفْعُلُنْ	لَيُفْعَلُنْ
لَتَفْعَلَنْ	لَتُفْعَلَنْ
◼	◼
◼	◼
لَتَفْعَلَنْ	لَتُفْعَلَنْ
◼	◼
لَتَفْعُلُنْ	لَتُفْعَلُنْ
لَتَفْعَلِنْ	لَتُفْعَلِنْ
◼	◼
◼	◼
لَأَفْعَلَنْ	لَأُفْعَلَنْ
لَنَفْعَلَنْ	لَنُفْعَلَنْ

Exercise 10

(1) Conjugate the following verbs using (نــون ثقيلــة) in the active and passive tenses:

(1) يَحْلُبُ
(2) يَمْنَعُ
(3) يَشْكُرُ
(4) يَلْعَبُ
(5) يَقْرُبُ

(2) Conjugate the following verbs using (نــون خفيفــة) in the active and passive tenses:

(1) يَمْلِكُ
(2) يَرْفَعُ
(3) يَعْبُدُ
(4) يَجْلِسُ
(5) يَعْمَلُ

The Imperative (أَمْر)

The (أَمْر حَاضِر – imperative second person) is constructed from the (فعل مضارع) in the following manner:

(1) The (عَلَامَةُ المُضَارِع) – the sign of the imperfect tense - is deleted.

(2) If the following letter is (مُتَحَرِّك), the final letter is rendered (سَاكِن). Example: the verb (تَعُدُ) changes to (عُدْ).

(3) If the following letter is (سَاكِن), a (هَمْزَةُ الوَصْل) is inserted at the beginning and the end is rendered (سَاكِن).

(4) If the (عَيْنُ الكَلِمَة) has a (ضَمَّة), the (هَمْزَةُ الوَصْل) is rendered a (ضَمَّة). Example: (تَنْصُرُ) becomes (أُنْصُرْ).

(5) If the (عَيْنُ الكَلِمَة) has a (فَتْحَة) or (كَسْرَة), the (هَمْزَة الوَصْل) is rendered a (كَسْرَة). Examples:

(تَفْتَحُ) becomes (اِفْتَحْ).

(تَضْرِبُ) becomes (اِضْرِبْ).

(6) The (نُونُ الإِعْرَاب) is deleted while the (نُونُ النِّسْوَة) – the nūn of the feminine plural - is retained. Examples:

(تَفْعَلَانِ) becomes (اِفْعَلَا).

(تَفْعَلْنَ) becomes (اِفْعَلْنَ).

(7) The (حَرْف العِلَّة) at the end is deleted. Examples:

(تَدْعُوْ) becomes (أُدْعُ).

(تَرْمِيْ) becomes (إِرْمِ).

(تَخْشَىٰ) becomes (إِخْشَ).

(8) The imperative of the first and third persons (أمــر الغائــب والمــتكلم) is formed by adding a (لام) at the beginning of (فعــل مضــارع). This (لام) has the same effect on the verbs as (لَمْ).

(9) The (لام التأكيــد) and (نــون التأكيــد) can also be attached to the (أمر) word-forms.

Hereunder follow the paradigms of (الأمــر المعــروف - the imperative active) and (الأمــر المجهــول - the imperative passive).

الأمر المعروف	الأمر المجهول
لِيَفْعَلْ	لِيُفْعَلْ
لِيَفْعَلَا	لِيُفْعَلَا
لِيَفْعَلُوْا	لِيُفْعَلُوْا
لِتَفْعَلْ	لِتُفْعَلْ
لِتَفْعَلَا	لِتُفْعَلَا
لِيَفْعَلْنَ	لِيُفْعَلْنَ
إِفْعَلْ	لِتُفْعَلْ
إِفْعَلَا	لِتُفْعَلَا
إِفْعَلُوْا	لِتُفْعَلُوْا
إِفْعَلِيْ	لِتُفْعَلِيْ
إِفْعَلَا	لِتُفْعَلَا
إِفْعَلْنَ	لِتُفْعَلْنَ
لِأَفْعَلْ	لِأُفْعَلْ
لِنَفْعَلْ	لِنُفْعَلْ

الأمر المعروف مع النون الثقيلة	الأمر المجهول مع النون الثقيلة
لِيَفْعَلَنَّ	لِيُفْعَلَنَّ
لِيَفْعَلَانِّ	لِيُفْعَلَانِّ
لِيَفْعَلُنَّ	لِيُفْعَلُنَّ
لِتَفْعَلَنَّ	لِتُفْعَلَنَّ
لِتَفْعَلَانِّ	لِتُفْعَلَانِّ
لِيَفْعَلْنَانِّ	لِيُفْعَلْنَانِّ
إِفْعَلَنَّ	لِتُفْعَلَنَّ
إِفْعَلَانِّ	لِتُفْعَلَانِّ
إِفْعَلُنَّ	لِتُفْعَلُنَّ
إِفْعَلَنَّ	لِتُفْعَلَنَّ
إِفْعَلَانِّ	لِتُفْعَلَانِّ
إِفْعَلْنَانِّ	لِتُفْعَلْنَانِّ
لَأَفْعَلَنَّ	لَأُفْعَلَنَّ
لَنَفْعَلَنَّ	لَنُفْعَلَنَّ

الأمر المعروف مع النون الخفيفة	الأمر المجهول مع النون الخفيفة
لِيَفْعَلَنْ	لِيُفْعَلَنْ
✹	✹
لِيَفْعَلَنْ	لِيُفْعَلَنْ
لِتَفْعَلَنْ	لِتُفْعَلَنْ
✹	✹
✹	X
اِفْعَلَنْ	لِتُفْعَلَنْ
✹	✹
اِفْعَلَنْ	لِتُفْعَلَنْ
اِفْعَلَنْ	لِتُفْعَلَنْ
✹	✹
✹	✹
لِأَفْعَلَنْ	لِأُفْعَلَنْ
لِنَفْعَلَنْ	لِنُفْعَلَنْ

Exercise 11

Conjugate the imperative (أَمــــر) of the following verbs in the active and passive forms first and then conjugate them using the (لام التأكيد) and (نون التأكيد):

(1) يَغْسِلُ
(2) يَدْخُلُ
(3) يَحْسِبُ
(4) يَجْهَلُ
(5) يَصْبَغُ

The Prohibition (النهي)

(1) The particle (لَا) is used before (فعــل مضــارع) to denote prohibition. It has the same effect as (لَمْ) in changing the different word-forms.

(2) The (نــون ثقيلــة) and (نون خفيفــة) can be attached to all the forms of (النهي).

النهي المعروف	النهي المجهول
لاَ يَفْعَلْ	لاَ يُفْعَلْ
لاَ يَفْعَلاَ	لاَ يُفْعَلاَ
لاَ يَفْعَلُوْا	لاَ يُفْعَلُوْا
لاَ تَفْعَلْ	لاَ تُفْعَلْ
لاَ تَفْعَلاَ	لاَ تُفْعَلاَ
لاَ يَفْعَلْنَ	لاَ يُفْعَلْنَ
لاَ تَفْعَلْ	لاَ تُفْعَلْ
لاَ تَفْعَلاَ	لاَ تُفْعَلاَ
لاَ تَفْعَلُوْا	لاَ تُفْعَلُوْا
لاَ تَفْعَلِيْ	لاَ تُفْعَلِيْ
لاَ تَفْعَلاَ	لاَ تُفْعَلاَ
لاَ تَفْعَلْنَ	لاَ تُفْعَلْنَ
لاَ أَفْعَلْ	لاَ أُفْعَلْ
لاَ نَفْعَلْ	لاَ نُفْعَلْ

النهي المعروف مع النون الثقيلة	النهي المجهول مع النون الثقيلة
لاَ يَفْعَلَنَّ	لاَ يُفْعَلَنَّ
لاَ يَفْعَلاَنِّ	لاَ يُفْعَلاَنِّ
لاَ يَفْعَلُنَّ	لاَ يُفْعَلُنَّ
لاَ تَفْعَلَنَّ	لاَ تُفْعَلَنَّ
لاَ تَفْعَلاَنِّ	لاَ تُفْعَلاَنِّ
لاَ يَفْعَلْنَانِّ	لاَ يُفْعَلْنَانِّ
لاَ تَفْعَلَنَّ	لاَ تُفْعَلَنَّ
لاَ تَفْعَلاَنِّ	لاَ تُفْعَلاَنِّ
لاَ تَفْعَلُنَّ	لاَ تُفْعَلُنَّ
لاَ تَفْعَلِنَّ	لاَ تُفْعَلِنَّ
لاَ تَفْعَلاَنِّ	لاَ تُفْعَلاَنِّ
لاَ تَفْعَلْنَانِّ	لاَ تُفْعَلْنَانِّ
لاَ أَفْعَلَنَّ	لاَ أُفْعَلَنَّ
لاَ نَفْعَلَنَّ	لاَ نُفْعَلَنَّ

النهي المعروف مع النون الخفيفة	النهي المجهول مع النون الخفيفة
لاَ يَفْعَلَنْ	لاَ يُفْعَلَنْ
❂	❂
لاَ يَفْعُلَنْ	لاَ يُفْعَلَنْ
لاَ تَفْعَلَنْ	لاَ تُفْعَلَنْ
❂	❂
❂	❂
لاَ تَفْعَلَنْ	لاَ تُفْعَلَنْ
❂	❂
لاَ تَفْعُلَنْ	لاَ تُفْعَلَنْ
لاَ تَفْعَلَنْ	لاَ تُفْعَلَنْ
❂	❂
❂	❂
لاَ أَفْعَلَنْ	لاَ أُفْعَلَنْ
لاَ نَفْعَلَنْ	لاَ نُفْعَلَنْ

Exercise 12

(1) Conjugate the prohibition (النَّهِي) of the following verbs in the active and passive forms first and then conjugate them using the (نون التأكيد) and (لام التأكيد):

(1) يَجْمَعُ
(2) يَخْرُجُ
(3) يَحْسِبُ
(4) يَجْهَلُ
(5) يَصْبَغُ

(2) What is the (صيغة) of the following verbs?

(1) لاَ يَدْخُلْنَانِّ
(2) لاَ أَثْبُتَنْ
(3) لاَ نَفْسُدَنَّ
(4) لاَ تُمْنَعِيْ
(5) لاَ تَجْرَحْنَانِّ
(6) لاَ تَرْهَنُنَّ
(7) لاَ تَشْهَدْنَانِّ
(8) لاَ يَرْكَبُنَّ

From the Treasures of Arabic Morphology

THE DERIVED NOUNS (الأسماء المشتقة)

The following six nouns are derived from the verb:

(1) اسم الفاعل (2) اسم المفعول (3) اسم التفضيل (4) الصفة المشبهة (5) اسم الآلة (6) اسم الظرف

The Active Participle (اسم الفاعل)

The active participle (اسم الفاعل) indicates the person or being from whom the action emanates, e.g. (سَامِعٌ) – a person who listens.

In 3-root letter verbs (ثلاثي مجرد), the (اسم الفاعل) is formed by adding an (الف) after the first letter, rendering a (كسرة) to the second letter and (تنوين) to the final letter. Thus, (فَعَلَ) becomes (فَاعِلٌ). In the dual forms (تثنية), (الف) and (نون) are attached to the end, e.g. (فَاعِلَانِ). For the feminine form, a round (ة) is inserted at the end. For the masculine plural (جمع مذكر), (ون) is inserted, e.g. (فَاعِلُوْنَ), while for the feminine plural (جمع مؤنث), the syllable, (ات) is attached, e.g. (فَاعِلَاتٌ). There are three scales for the masculine form and three for the feminine form of the word.

From the Treasures of Arabic Morphology

الصيغة	اسم الفاعل
واحد مذكر	فَاعِلٌ
تثنية مذكر	فَاعِلَانِ
جمع مذكر	فَاعِلُوْنَ
واحد مؤنث	فَاعِلَةٌ
تثنية مؤنث	فَاعِلَتَانِ
جمع مؤنث	فَاعِلَاتٌ

In the indicative case (حالة الرفع), the (تثنية) is used with an (الف) while in the accusative and genative cases (حالة النصب والجر), it is used with a (ي) preceded by a (فتحة). The (نون) of the (تثنية) is (مكسور), e.g. (فَاعِلَانِ) and (فَاعِلَيْنِ).

For the masculine plural in (حالة الرفع), a (و) is used while in (حالة النصب والجر), a (ي) preceded by a (كسرة) is used. The (نون) of (جمع) is (مفتوح), e.g. (فَاعِلُوْنَ) and (فَاعِلِيْنَ).

Exercise 13

Conjugate the (اسم الفاعل) of the following verbs:

(1) يَجْمَعُ

(2) يَخْرُجُ

(3) يَحْسِبُ

(4) يَجْهَلُ

(5) يَمْنَعُ

(6) يَغْسِلُ

(7) يَدْخُلُ

(8) يَجْرَحُ

(9) يَفْسُدُ

(10) يَصْبَغُ

The Passive Participle (اسم المفعول)

The passive participle (اسم المفعول) is that entity on which the action occurs, e.g. (مَفْتُوْحٌ) – the thing which is opened. It is formed by adding a (م مفتوح) at the beginning, a (و) after the second letter and (تنوين) at the end. The first root letter (حرف أصلي) becomes (ساكن) while the second one becomes (مضموم). The additions for the dual and plural forms are the same as the (اسم الفاعل). Like the (اسم الفاعل), it also has six word-forms.

الصيغة	اسم المفعول
واحد مذكر	مَفْعُوْلٌ
تثنية مذكر	مَفْعُوْلَانِ
جمع مذكر	مَفْعُوْلُوْنَ
واحد مؤنث	مَفْعُوْلَةٌ
تثنية مؤنث	مَفْعُوْلَتَانِ
جمع مؤنث	مَفْعُوْلَاتٌ

Exercise 14

Conjugate the (اسم المفعول) of the following verbs:

(1) يَظْلِمُ
(2) يَكْذِبُ
(3) يَعْلَمُ
(4) يَشْهَدُ
(5) يَصْبَغُ
(6) يَغْسِلُ
(7) يَدْخُلُ
(8) يَحْسِبُ
(9) يَجْهَلُ
(10) يَمْنَعُ

From the Treasures of Arabic Morphology

The Elative (اسم التفضيل)

The (اسم التفضيل) is a derived noun that indicates the comparative or superlative degree e.g. (أَفْضَلُ) – more virtuous or most virtuous. The scale of (أَفْعَلُ) is used for this purpose, except for colours and defects. In the case of colours and defects, the scale of (أَفْعَلُ) is used for (الصفة المشبهة) e.g. (أَحْمَرُ) – red, (أَعْمَى) – blind. Tanwīn never enters the end of (اسم التفضيل). The (اسم التفضيل) generally renders the meaning of the doer (فاعل) but sometimes it can render the meaning of the object (مفعول), e.g. (أَشْهَرُ) - more famous.

Hereunder follows the paradigm of the (اسم التفضيل):

اسم التفضيل	الصيغة
أَفْعَلُ	واحد مذكر
أَفْعَلَانِ	تثنية مذكر
أَفْعَلُوْنَ	جمع سالم مذكر
أَفَاعِلُ	جمع مكسر مذكر
فُعْلَى	واحد مؤنث
فُعْلَيَانِ	تثنية مؤنث
فُعْلَيَاتٌ	جمع سالم مؤنث
فُعَلٌ	جمع مكسر مؤنث

Exercise 15

Conjugate the (اسم التفضيل) of the following verbs:

(1) يَكْرُمُ

(2) يَجْمُلُ

(3) يَحْسُنُ

(4) يَشْعُرُ

(5) يَصْبَغُ

(6) يَغْسِلُ

(7) يَدْخُلُ

(8) يَحْسَبُ

(9) يَجْهَلُ

(10) يَمْنَعُ

The (صفة مشبهة)

The (صفة مشبهة) is a derived noun referring to the permanent quality of an entity, e.g. (جَمِيْلٌ) – beautiful. The (اسم الفاعل) on the other hand describes a temporary quality e.g. (سَامِعٌ) – listening at the moment. A person will only be referred to as (ضَارِبٌ) if the quality of (ضَرْب) emanates from him whereas the attribute of (جَمِيْلٌ) applies to a person all the time. The (صفة مشبهة) is always intransitive (لازم) even though it may be constructed from a transitive verb (متعدي). Hence the difference between (سَامِعٌ) and (سَمِيْعٌ) is that (سَامِعٌ) indicates a being listening at the moment while (سَمِيْعٌ) indicates a being which permanently has the quality of listening even though there may be no object. Therefore one can say (سَامِعٌ كَلَامَكَ), but to say (سَمِيْعٌ كَلَامَكَ) is incorrect. The (صفة مشبهة) has six word-forms like the (اسم الفاعل). For the dual and plural forms, changes are made to the end as in the (اسم الفاعل).

Hereunder follows the paradigm of the (صفة مشبهة):

الصيغة	صفة مشبهة
واحد مذكر	حَسَنٌ
تثنية مذكر	حَسَنَانِ
جمع مذكر	حَسَنُوْنَ
واحد مؤنث	حَسَنَةٌ
تثنية مؤنث	حَسَنَتَانِ
جمع مؤنث	حَسَنَاتٌ

The (صفة مشبهة) is used on many scales for which there is no rule. It is based on (سماع) – as heard from the Arabs. Sometimes a (ا), (و) or (ي) is inserted after the second alphabet, e.g. (شَرِيْفٌ), (وَقُوْرٌ), (شُجَاعٌ). Sometimes the root-form remains intact but a change occurs in the ḥarakāt, e.g. (جُنُبٌ), (صَعْبٌ), (صِفْرٌ). Some of the more common scales are listed hereunder.

Scale	Example	Meaning
فَعَلٌ	حَسَنٌ	handsome
فُعُلٌ	جُنُبٌ	impure
فُعَالٌ	شُجَاعٌ	brave

فَعَالٌ	حَصَانٌ	chaste
فَعْلٌ	ضَخْمٌ	thick
فَعْلٌ	صِفْرٌ	empty
فُعْلٌ	حُرٌّ	free
فَعِلٌ	فَرِحٌ	happy
فَاعِلٌ	صَاحِبٌ	companion
فَعِيلٌ	كَرِيمٌ	noble
أَفْعَلُ	أَحْمَرُ	red
فَعْلَانُ	عَطْشَانُ	thirsty

The Noun of the Instrument (اسم الآلة)

The (اسم الآلة) is a derived noun that indicates the instrument used for the action. It is formed by adding a (م مكسور) at the beginning of the root letters. It has three scales.

Scales	مِفْعَلٌ	مِفْعَلَةٌ	مِفْعَالٌ
Examples	مِخْيَطٌ	مِرْوَحَةٌ	مِفْتَاحٌ
Meanings	needle	fan	key

The paradigm including the dual and plural cases is as follows:

Scales	Examples
مِفْعَلٌ	مِنْصَرٌ
مِفْعَلَانِ	مِنْصَرَانِ
مَفَاعِلُ	مَنَاصِرُ
مِفْعَلَةٌ	مِنْصَرَةٌ
مِفْعَلَتَانِ	مِنْصَرَتَانِ
مَفَاعِلُ	مَنَاصِرُ
مِفْعَالٌ	مِنْصَارٌ
مِفْعَالَانِ	مِنْصَارَانِ
مَفَاعِيلُ	مَنَاصِيرُ

Sometimes the underived noun (جامد) is used to denote an instrument. Different scales are used for this purpose but there is no rule for arriving at a particular scale. Examples:
(فَأْسٌ) - axe , (قَدُومٌ) – adze[6], (سِكِّينٌ) - knife.

---

[6] Adze: kind of axe with arched blade used for shaping wood.

Exercise 16

(a) Conjugate the (اسم الآلة) of the following verbs:

(5) نَظَرَ	(4) طَرَقَ	(3) بَرَدَ	(2) كَنَسَ	(1) فَتَحَ
(10) أَكَلَ	(9) صَنَعَ	(8) قَطَعَ	(7) دَخَلَ	(6) غَسَلَ

(b) Identify the derived nouns in the following sentences:

(1) الله خالق السماوات والأرض جاعل الظلمات والنور .

(2) السارق والسارقة فاقطعوا أيديهما .

(3) فيها عين جارية فيها سرر مرفوعة وأكواب موضوعة .

(4) ولا تنقصوا المكيال والميزان .

(5) ولهم فيها منافع ومشارب .

(6) إنَّ موعدهم الصبح .

The Adverb (اسم الظرف)

The (اسم الظرف) is a derived noun that indicates the place or time of the action. If the word indicates the place of the action, it is called (ظرف المكان) and if it indicates the time of the action, it is called (ظرف الزمان). It is made by adding a (م مفتوح) at the beginning of the root letters. It has two scales, namely (مَفْعَلٌ) and (مَفْعِلٌ). If the (مضارع) is (مفتوح العين) or (مضموم العين) or (ناقص), the (اسم الظرف) will be on the scale of (مَفْعَلٌ), e.g. (مَنْصَرٌ), (مَفْتَحٌ) and (مَرْمًى). If the (مضارع) is (مكسور العين) or (مثال), the (اسم الظرف) will be on the scale of (مَفْعِلٌ), e.g. (مَضْرِبٌ) and (مَوْقِعٌ).

The paradigm including the dual and plural forms is as follows:

جمع	تثنية	واحد	
مَفَاعِلُ	مَفْعَلَانِ	مَفْعَلٌ	scale
مَفَاتِحُ	مَفْتَحَانِ	مَفْتَحٌ	example

The (اسم الظرف) is often constructed from the underived noun (جامد) on the scale of (مَفْعَلَةٌ) to indicate an excess of that object in that place, e.g.

(مَأْسَدَةٌ) – a place of many lions - derived from (أَسَدٌ) – lion,

(مَسْبَعَةٌ) – a place of many predators - derived from (سَبُعٌ) – predator,

(مَبْطَخَةٌ) – a place of many ducks - derived from (بِطِّيْخٌ) – duck.

There are certain words, which according to the rule should have a (فتحة) on the (عين الكلمة), but have been used with a (كسرة) instead. These may be regarded as exceptions to the rule. The scholars have written that it is permissible to pronounce these words with a (فتحة) as well. These words are:

Word	Meaning	Word	Meaning
مَسْجِدٌ	place of prostration	مَحْشِرٌ	place of assembly
مَطْلِعٌ	place of rising	مَسْقِطٌ	place of falling
مَسْكِنٌ	place of staying	مَفْرِقٌ	intersection
مَنْسِكٌ	place of slaughtering	مَجْزِرٌ	place of slaughtering
مَنْبِتٌ	place of germinating	مَشْرِقٌ	east
مَرْفِقٌ	place of resting the elbow	مَغْرِبٌ	west
مَنْخِرٌ	nostril	مَظِنَّةٌ	place where one expects something

Sometimes the (اسم الظرف) is used on the scale of (مُفْعَلَةٌ), e.g.

(مُكْحَلَةٌ) – antimony bottle, from (كُحْلٌ) - antimony.

The scale of (فُعَالَةٌ) indicates the place where a thing falls during the action, e.g.

(غُسَالَةٌ) – the water which falls during bathing,

(كُنَاسَةٌ) – the dirt which falls off the broom when sweeping.

Exercise 17

(a) Conjugate the (اسم الظرف) of the following verbs:

(1) فَتَحَ

(2) كَنَسَ

(3) بَرَدَ

(4) طَرَقَ

(5) نَظَرَ

(6) غَسَلَ

(7) دَخَلَ

(8) قَطَعَ

(9) صَنَعَ

(10) أَكَلَ

From the Treasures of Arabic Morphology

The Intensive Adjective (صِيغَةُ المُبَالَغَة)

The (صِيغَةُ المُبَالَغَة) is a noun that indicates excess in meaning of the verbal noun e.g. (ضَرَّابٌ) – one who hits a lot. The difference between (صِيغَةُ المُبَالَغَة) and (اسم التفضيل) is that in (صِيغَةُ المُبَالَغَة), the excess meaning is limited to itself without taking others into consideration whereas in the (اسم التفضيل), the excess in meaning is in comparison to others. Hence (أَضْرَبُ مِنْ مُحَمَّدٍ) or (أَضْرَبُ الْقَوْمِ) is in comparison to others while (ضَرَّابٌ) is not in comparison to anyone.

In the (صِيغَةُ المُبَالَغَة), there is no difference in gender. Sometimes a (ة) is added for excess in meaning, e.g. (رَجُلٌ عَلَّامَةٌ) – a very learned man, (امْرَأَةٌ عَلَّامَةٌ) - a very learned woman.

When (فَعِيْلٌ) is in the meaning of (فَاعِلٌ), or (فَعُوْلٌ) is in the meaning of (مَفْعُوْلٌ), a differentiation is made between the masculine and feminine forms. Examples:
(هُوَ عَلِيْمٌ) , (هِيَ عَلِيْمَةٌ)
(جَمَلٌ حَمُوْلٌ) , (نَاقَةٌ حَمُوْلَةٌ).

The following scales are the ones most frequently used for

(صيغة المبالغة):

Scale	Example	Meaning
فَعِلٌ	حَذِرٌ	very cautious
فَعِيْلٌ	عَلِيْمٌ	very knowledgeable
فَعُوْلٌ	أَكُوْلٌ	big eater
فَعَّالٌ	سَفَّاكٌ	shedder of blood
فُعَّالٌ	كُبَّارٌ	very great
فِعِّيْلٌ	صِدِّيْقٌ	very truthful
مِفْعَلٌ	مِجْزَمٌ	one who cuts a lot
مِفْعَالٌ	مِنْعَامٌ	one who awards many prizes
مِفْعِيْلٌ	مِنْطِيْقٌ	chatterbox
فُعَالٌ	عُجَابٌ	very strange
فَاعُوْلٌ	فَارُوْقٌ	very decisive
فُعْلَةٌ	ضُحْكَةٌ	one who habitually laughs
فَعُّوْلٌ	قَيُّوْمٌ	eternal
فُعُّوْلٌ	قُدُّوْسٌ	most holy
فُعَّلٌ	قُلَّبٌ	very agile

Exercise 18

(A) Translate the following sentences into Arabic:
- (1) He is very agile.
- (2) This book is very strange.
- (3) The principal awards many prizes.
- (4) Abū Bakr is very truthful.
- (5) She is a big eater.
- (6) Allāh is very knowledgeable.
- (7) The king was a shedder of blood.
- (8) The student is very cautious.
- (9) His mother is very patient.
- (10) The mujāhid is extremely brave.

(B) What is the scale of the following (صيغ المبالغة):

- (1) جَبَّارٌ
- (2) مِفْضَالٌ
- (3) صِدِّيقٌ
- (4) فَهَّامَةٌ
- (5) مِسْكِيْنٌ
- (6) شَرُوْبٌ
- (7) عَلِيْمٌ
- (8) حَذِرٌ
- (9) كُبَّارٌ
- (10) قُدُّوْسٌ

The Categories (أبواب/ابواب) of Verbs

The (أبواب) of (ثلاثي مجرد)

You have already learnt that the verbs of (ثلاثي مجرد) – three root-letter verbs – have six categories (أبواب) – plural of (باب).

The First (باب): (نَصَرَ يَنْصُرُ)

(عَيْنُ الْكَلِمَة) of the (الماضي) has a (فتحة) while the (مضارع) has a (ضمة), e.g. (النَّصْرُ) – to help. The abbreviated paradigm[7] of this (باب) is as follows:

نَصَرَ يَنْصُرُ نَصْرًا فَهُوَ نَاصِرٌ وَنُصِرَ يُنْصَرُ نَصْرًا فَهُوَ مَنْصُورٌ اَلْأَمْرُ مِنْهُ أُنْصُرْ وَالنَّهْيُ عَنْهُ لاَ تَنْصُرْ الظَّرْفُ مِنْهُ مَنْصَرٌ وَالْآلَةُ مِنْهُ مِنْصَرٌ وَ مِنْصَرَةٌ وَ مِنْصَارٌ وَأَفْعَلُ التَّفْضِيلِ مِنْهُ أَنْصَرُ وَالْمُؤَنَّثُ مِنْهُ نُصْرَي

---

[7] The abbreviated paradigm is where the first (صِيغَة) of each paradigm of the active and passive tenses is used.

The Second (باب) : (ضَرَبَ يَضْرِبُ)

(فتحة) while (الماضي) of the (عَيْنُ الْكَلِمَة) – the (فَعَلَ يَفْعِلُ) has a (مضارع) the (كسرة), eg (الضَّرْبُ) – to hit. The abbreviated paradigm of this (باب) is as follows:

> ضَرَبَ يَضْرِبُ ضَرْبًا فَهُوَ ضَارِبٌ وضُرِبَ يُضْرَبُ ضَرْبًا فَهُوَ مَضْرُوْبٌ اَلْأَمْرُ مِنْهُ إِضْرِبْ وَالنَّهْيُ عَنْهُ لاَ تَضْرِبْ الظَّرْفُ مِنْهُ مَضْرِبٌ وَالْآلَةُ مِنْهُ مِضْرَبٌ وَ مِضْرَبَةٌ وَ مِضْرَابٌ وَأَفْعَلُ التَّفْضِيْلِ مِنْهُ أَضْرَبُ وَالْمُؤَنَّثُ مِنْهُ ضُرْبَي

The Third (باب) : (فَتَحَ يَفْتَحُ)

(فتحة) while (الماضي) of the (عَيْنُ الْكَلِمَة) – the (فَعَلَ يَفْعَلُ) has a (مضارع) the (فتحة), e.g. (الْفَتْحُ) – to open. The condition for this (باب) is that if the verb is (صحيح)[8], the (عَيْنُ الْكَلِمَة) or (لَامُ الْكَلِمَة) must be from the (حروف حلقية). This does not mean that every verb which is (صحيح) and whose (عَيْنُ)

---

[8] (صحيح) is that word which has no (حرف العلة), two letters of the same type or (همزة) as its root letter.

(الْكَلِمَة) or (لَامُ الْكَلِمَة) is from the (حروف حلقية), will be from (بَاب فَتْح). The abbreviated paradigm of this (بَاب) and the remaining (أبواب) is similar to the above-mentioned examples.

فَتَحَ يَفْتَحُ فَتْحًا فَهُوَ فَاتِحٌ وَفُتِحَ يُفْتَحُ فَتْحًا فَهُوَ مَفْتُوْحٌ اَلْأَمْرُ مِنْهُ إِفْتَحْ وَالنَّهْيُ عَنْهُ لَا تَفْتَحْ الظَّرْفُ مِنْهُ مَفْتَحٌ وَالْآلَةُ مِنْهُ مِفْتَحٌ وَ مِفْتَحَةٌ وَ مِفْتَاحٌ وَأَفْعَلُ التَّفْضِيْلِ مِنْهُ أَفْتَحُ وَالْمُؤَنَّثُ مِنْهُ فُتْحَى

The Fourth (بَاب) : (سَمِعَ يَسْمَعُ)

(كسرة) has a (الماضي) of the (عَيْنُ الْكَلِمَة) the – (فَعِلَ يَفْعَلُ) while the (مضارع) has a (فتحة), e.g. (السَّمْعُ) – to listen.

سَمِعَ يَسْمَعُ سَمْعًا فَهُوَ سَامِعٌ وَ سُمِعَ يُسْمَعُ سَمْعًا فَهُوَ مَسْمُوْعٌ اَلْأَمْرُ مِنْهُ إِسْمَعْ وَالنَّهْيُ عَنْهُ لَا تَسْمَعْ الظَّرْفُ مِنْهُ مَسْمَعٌ وَالْآلَةُ مِنْهُ مِسْمَعٌ وَ مِسْمَعَةٌ وَ مِسْمَاعٌ وَأَفْعَلُ التَّفْضِيْلِ مِنْهُ أَسْمَعُ وَالْمُؤَنَّثُ مِنْهُ سُمْعَى

The Fifth (باب) : (كَرُمَ يَكْرُمُ)

(فَعُلَ يَفْعُلُ) – the (عَيْنُ الْكَلِمَة) of the (الماضي) has a (ضمة) while the (مضارع) also has a (ضمة), e.g. (اَلْكَرُمُ) – to be noble. The verbs of this (باب) are intransitive. In this (باب), instead of the (اسم الفاعل), the (صفة مشبهة) on the scale of (فَعِيْلٌ) has been used, e.g. (كَرِيْمٌ).

> كَرُمَ يَكْرُمُ كَرَمًا فَهُوَ كَرِيْمٌ وَ كُرِمَ يُكْرَمُ كَرَمًا فَهُوَ مَكْرُوْمٌ اَلْأَمْرُ مِنْهُ أُكْرُمْ وَالنَّهْيُ عَنْهُ لَا تَكْرُمْ الظَّرْفُ مِنْهُ مَكْرَمٌ وَالْآلَةُ مِنْهُ مِكْرَمٌ وَ مِكْرَمَةٌ وَ مِكْرَامٌ وَأَفْعَلُ التَّفْضِيْلِ مِنْهُ أَكْرَمُ وَالْمُؤَنَّثُ مِنْهُ كُرْمَى

The Sixth (باب) : (حَسَبَ يَحْسِبُ)

(فَعَلَ يَفْعِلُ) – the (عَيْنُ الْكَلِمَة) of the (الماضي) has a (كسرة) while the (مضارع) also has a (كسرة), e.g. (اَلْحَسْبُ) – to ponder. Besides (حَسَبَ), no other (فعل صحيح) has been used in this (باب). Acccording to some scholars, the verb (نَعِمَ يَنْعِمُ) is also from this (باب). However, verbs that are (مثال)[9] or (لفيف)[10] have been used, e.g. (وَرِثَ يَرِثُ) and (وَلِيَ يَلِيْ). The verb (حَسَبَ) has also been used with a (فتحة) on the (عَيْنُ الْكَلِمَة) of (مضارع), that is (يَحْسَبُ).

> حَسَبَ يَحْسِبُ حَسْبًا فَهُوَ حَاسِبٌ وَ حَسَبَ يُحْسَبُ حَسْبًا فَهُوَ مَحْسُوْبٌ اَلْأَمْرُ مِنْهُ إِحْسِبْ وَالنَّهْيُ عَنْهُ لاَ تَحْسِبْ الظَّرْفُ مِنْهُ مَحْسِبٌ وَالْآلَةُ مِنْهُ مِحْسَبٌ وَ مِحْسَبَةٌ وَ مِحْسَابٌ وَأَفْعَلُ التَّفْضِيْلِ مِنْهُ أَحْسَبُ وَالْمُؤَنَّثُ مِنْهُ حُسْبَى

---

[9] A word having a (و) or (ي) as the (فاء الكلمة).

[10] A word having two (حروف العلة).

Exercise 19

Conjugate the following verbs as done above:

(1) كَتَبَ

(2) سَبَحَ

(3) عَلِمَ

(4) نَعِمَ

(5) حَمَلَ

(6) ضَعُفَ

(7) شَرُفَ

(8) غَلَبَ

(9) مَنَعَ

(10) هَرَبَ

The (أبواب) of (ثلاثي مزيد فيه)
The Derived Forms of the Triliteral Verb

Arabic is extremely rich and copious in derived forms which extend or modify the meaning of the root form of the verb, giving many exact shades of meaning. This is a common feature of Semitic languages and perhaps it reaches its pinnacle in Arabic.

Derived forms are made by adding letters before or between the root letters of the simple verb. Accordingly, (نَصَرَ), which is the root, means to help. From this verb the following verbs are derived with differing meanings:

Verb	Meaning
نَاصَرَ	to support
تَنَصَّرَ	to try to help
تَنَاصَرَ	to render mutual assistance
أنْتَصَرَ	to come to someone's aid
أسْتَنْصَرَ	to ask for assistance

Another example of derived verbs is (قَتَلَ) which means to kill. When extra letters are added to this root, the following meanings are achieved.

Verb	Meaning
قَتَّلَ	to massacre
قَاتَلَ	to combat, battle
أَقْتَتَلَ	to fight with one another
أسْتَقْتَلَ	to risk one's life

Very few verb roots have all the other derived forms. Some have only one (like – ذَبَّ to drive away) or two (like خَسَفَ – to sink), while others have four or five as in the above examples. There is often a good deal of overlapping of meaning between the forms.

Sometimes the root form is not in use while the derived forms are used, e.g. (رَتَّبَ - to arrange).

The (أبواب) of (ثلاثي مزيد فيه) are twelve in total. They are formed by adding extra letters to the (الفعل الماضي) of (ثلاثي مجرد). Upto a maximum of three extra letters can be added to a verb, thus bringing the maximum number of letters of a verb to six (root letters plus extra letters).

Seven of these (أبواب) have (همزة الوصل) at the beginning while five do not have. Besides (ثلاثي مجرد), every letter with a (حركة) will become (مضموم) in the (الماضي المجهول) except for the penultimate letter which will be (مكسور). The (ساكن) will remain as it is,

e.g. (أُسْتُنْصِرَ), (أُجْتُنِبَ).

When (مَا) or (لَا) are used in the (الماضي المنفي), the (همزة الوصل) will not be pronounced as will the (الف) of the (مَا) and (لَا), e.g. (مَا اجْتَنَبَ), (لَا انْفُطِرَ).

The 12 (أبواب) of (ثلاثي مزيد فيه) are as follows:

باب	Example	Extra Letters	همزة الوصل
إِفْعَالٌ	أَكْرَمَ	أ	همزة القطع
تَفْعِيْلٌ	صَرَّفَ	عّ	no hamza
مُفَاعَلَةٌ	قَاتَلَ	ا	no hamza
إِفْتِعَالٌ	إِجْتَنَبَ	أ ، ت	همزة الوصل
إِنْفِعَالٌ	إِنْفَطَرَ	أ ، ن	همزة الوصل
إِفْعِلَالٌ	إِحْمَرَّ	أ ، لّ	همزة الوصل
تَفَعُّلٌ	تَقَبَّلَ	ت ، عّ	no hamza
تَفَاعُلٌ	تَقَابَلَ	ت ، ا	no hamza
إِسْتِفْعَالٌ	إِسْتَنْصَرَ	أ ، س ، ت	همزة الوصل
إِفْعِيْعَالٌ	إِخْشَوْشَنَ	أ ، و	همزة الوصل
إِفْعِيْلَالٌ	إِدْهَامَّ	أ ، ا ، لّ	همزة الوصل
إِفْعِوَّالٌ	إِجْلَوَّذَ	أ ، وّ	همزة الوصل

From the Treasures of Arabic Morphology

Construction of the Derived Nouns

To construct the (اسم الفاعل) of any (باب) besides (ثلاثي مجرد), the (مضارع معروف) is modified by adding a (م مضموم) at the beginning and making the penultimate letter (مكسور) if it is not already (مكسور).
Examples:

مُكْرِمٌ   —   يُكْرِمُ
مُصَرِّفٌ   —   يُصَرِّفُ
مُقَاتِلٌ   —   يُقَاتِلُ

The (اسم المفعول) is like the (اسم الفاعل) except that the penultimate letter is (مفتوح).
Examples:

مُكْرَمٌ   —   يُكْرَمُ
مُصَرَّفٌ   —   يُصَرَّفُ
مُقَاتَلٌ   —   يُقَاتَلُ

The (اسم الظرف) of these (أبواب) is used on the scale of the (اسم المفعول). There is neither (اسم الآلة) nor (اسم التفضيل) in these (أبواب). In ordert to express the meaning of the (اسم الآلة),

the words (مَابِه) are added to the (مصدر) for this purpose, e.g. (مَابِه الْإِجْتِنَابُ) – the means of refraining.

To express the (اسم التفضيل), the word (أَشَدُّ) is used before the (مصدر منصوب), e.g. (أَشَدُّ إِجْتِنَابًا) – more refraining. Words like (أَقَلُّ), (أَكْثَرُ) etc. can also be used.

The Abbreviated Paradigm (صرف صغير) of Each (باب)

باب إفعال

أَكْرَمَ يُكْرِمُ إِكْرَامًا فَهُوَ مُكْرِمٌ وَأُكْرِمَ يُكْرَمُ إِكْرَامًا فَهُوَ مُكْرَمٌ اَلْأَمْرُ مِنْهُ أَكْرِمْ وَالنَّهْيُ عَنْهُ لَا تُكْرِمْ

The sign of (بَاب إفعَال) is a (هَمْزَةُ القَطْع)[11] in the (الفِعْل المَاضِي) and (أَمْر) while the (عَلامَة المُضَارع) is always (مَضْمُوم). The (هَمْزَة القَطْع) of the (المَاضِي) is deleted from the (مُضَارع). Thus (يُؤَكْرِمُ) becomes (يُكْرِمُ). The remaining word-forms follow the same pattern.

The detailed paradigms of this verb are provided hereunder.

---

[11] A hamzah that is not deleted in pronunciation when prefixed by any letter.

الماضي المعروف	المضارع المعروف	الأمر المعروف	النهي المعروف
أَكْرَمَ	يُكْرِمُ	لِيُكْرِمْ	لاَ يُكْرِمْ
أَكْرَمَا	يُكْرِمَانِ	لِيُكْرِمَا	لاَ يُكْرِمَا
أَكْرَمُوا	يُكْرِمُونَ	لِيُكْرِمُوا	لاَ يُكْرِمُوا
أَكْرَمَتْ	تُكْرِمُ	لِتُكْرِمْ	لاَ تُكْرِمْ
أَكْرَمَتَا	تُكْرِمَانِ	لِتُكْرِمَا	لاَ تُكْرِمَا
أَكْرَمْنَ	يُكْرِمْنَ	لِيُكْرِمْنَ	لاَ يُكْرِمْنَ
أَكْرَمْتَ	تُكْرِمُ	أَكْرِمْ	لاَ تُكْرِمْ
أَكْرَمْتُمَا	تُكْرِمَانِ	أَكْرِمَا	لاَ تُكْرِمَا
أَكْرَمْتُمْ	تُكْرِمُونَ	أَكْرِمُوا	لاَ تُكْرِمُوا
أَكْرَمْتِ	تُكْرِمِينَ	أَكْرِمِي	لاَ تُكْرِمِي
أَكْرَمْتُمَا	تُكْرِمَانِ	أَكْرِمَا	لاَ تُكْرِمَا
أَكْرَمْتُنَّ	تُكْرِمْنَ	أَكْرِمْنَ	لاَ تُكْرِمْنَ
أَكْرَمْتُ	أُكْرِمُ	لِأُكْرِمْ	لاَ أُكْرِمْ
أَكْرَمْنَا	نُكْرِمُ	لِنُكْرِمْ	لاَ نُكْرِمْ

اسم الفاعل: مُكْرِمٌ ، مُكْرِمَانِ ، مُكْرِمُونَ ، مُكْرِمَةٌ ، مُكْرِمَتَانِ ، مُكْرِمَاتٌ .

Exercise 20

Conjugate the following verbs:

(1) أَجْلَسَ (2) أَبْعَدَ (3) أَحْضَرَ (4) أَرْسَلَ (5) أَخْبَرَ

باب تفعيل

صَرَّفَ يُصَرِّفُ تَصْرِيْفًا فَهُوَ مُصَرِّفٌ وَصُرِّفَ يُصَرَّفُ تَصْرِيْفًا فَهُوَ مُصَرَّفٌ اَلْأَمْرُ مِنْهُ صَرِّفْ وَالنَّهْيُ عَنْهُ لاَ تُصَرِّفْ

The sign of (باب تفعيل) is the tashdîd of the (عين الكلمة) in the (الماضي) and (أمر حاضر) without a (ت) preceding the (فاء الكلمة). The (علامة المضارع) of this (باب) is also always (مضموم).

The (مصدر) of this (باب) is also used on the following scales:

(فَعَالٌ) e.g. (كَلَامٌ ، سَلَامٌ);
(فُعَّالٌ) e.g. (كُذَّابٌ);
(تَفْعِلَةٌ) e.g. (تَزْكِيَةٌ);
(تَفْعَالٌ) e.g. (تَكْرَارٌ).

The detailed paradigms of this verb follow hereunder.

الماضي المعروف	المضارع المعروف	الأمر المعروف	النهي المعروف
صَرَّفَ	يُصَرِّفُ	لِيُصَرِّفْ	لاَ يُصَرِّفْ
صَرَّفَا	يُصَرِّفَانِ	لِيُصَرِّفَا	لاَ يُصَرِّفَا
صَرَّفُوا	يُصَرِّفُونَ	لِيُصَرِّفُوا	لاَ يُصَرِّفُوا
صَرَّفَتْ	تُصَرِّفُ	لِتُصَرِّفْ	لاَ تُصَرِّفْ
صَرَّفَتَا	تُصَرِّفَانِ	لِتُصَرِّفَا	لاَ تُصَرِّفَا
صَرَّفْنَ	يُصَرِّفْنَ	لِيُصَرِّفْنَ	لاَ يُصَرِّفْنَ
صَرَّفْتَ	تُصَرِّفُ	صَرِّفْ	لاَ تُصَرِّفْ
صَرَّفْتُمَا	تُصَرِّفَانِ	صَرِّفَا	لاَ تُصَرِّفَا
صَرَّفْتُمْ	تُصَرِّفُونَ	صَرِّفُوا	لاَ تُصَرِّفُوا
صَرَّفْتِ	تُصَرِّفِينَ	صَرِّفِي	لاَ تُصَرِّفِي
صَرَّفْتُمَا	تُصَرِّفَانِ	صَرِّفَا	لاَ تُصَرِّفَا
صَرَّفْتُنَّ	تُصَرِّفْنَ	صَرِّفْنَ	لاَ تُصَرِّفْنَ
صَرَّفْتُ	أُصَرِّفُ	لِأُصَرِّفْ	لاَ أُصَرِّفْ
صَرَّفْنَا	نُصَرِّفُ	لِنُصَرِّفْ	لاَ نُصَرِّفْ

اسم الفاعل: مُصَرِّفٌ ، مُصَرِّفَانِ ، مُصَرِّفُونَ ، مُصَرِّفَةٌ ، مُصَرِّفَتَانِ ، مُصَرِّفَاتٌ .

Exercise 21

Conjugate the following verbs:

(1) سَلَّمَ (2) قَبَّلَ (3) بَشَّرَ (4) قَدَّرَ (5) صَدَّقَ

باب مفاعلة

قَاتَلَ يُقَاتِلُ مُقَاتَلَةً فَهُوَ مُقَاتِلٌ وَقُوْتِلَ يُقَاتَلُ مُقَاتَلَةً فَهُوَ مُقَاتَلٌ اَلْأَمْرُ مِنْهُ قَاتِلْ وَالنَّهْيُ عَنْهُ لاَ تُقَاتِلْ

The sign of (باب مفاعلة) is the (ألف زائدة) after the (فاء الكلمة) in the (الفعل الماضي) and (فعل الأمر الحاضر) without a (ت) preceding it. The (علامة المضارع) of this (باب) is always (مضموم).

The (مصدر) of (باب مفاعلة) is also used on the following scales:
(فَعَالٌ) e.g. (قَتَالٌ);
(فِيْعَالٌ) e.g. (قِيْتَالٌ).

The detailed paradigms of this verb follow hereunder.

الماضي المعروف	المضارع المعروف	الأمر المعروف	النهي المعروف
قَاتَلَ	يُقَاتِلُ	لِيُقَاتِلْ	لاَ يُقَاتِلْ
قَاتَلاَ	يُقَاتِلاَنِ	لِيُقَاتِلاَ	لاَ يُقَاتِلاَ
قَاتَلُوا	يُقَاتِلُوْنَ	لِيُقَاتِلُوْا	لاَ يُقَاتِلُوْا
قَاتَلَتْ	تُقَاتِلُ	لِتُقَاتِلْ	لاَ تُقَاتِلْ
قَاتَلَتَا	تُقَاتِلاَنِ	لِتُقَاتِلاَ	لاَ تُقَاتِلاَ
قَاتَلْنَ	يُقَاتِلْنَ	لِيُقَاتِلْنَ	لاَ يُقَاتِلْنَ
قَاتَلْتَ	تُقَاتِلُ	قَاتِلْ	لاَ تُقَاتِلْ
قَاتَلْتُمَا	تُقَاتِلاَنِ	قَاتِلاَ	لاَ تُقَاتِلاَ
قَاتَلْتُمْ	تُقَاتِلُوْنَ	قَاتِلُوْا	لاَ تُقَاتِلُوْا
قَاتَلْتِ	تُقَاتِلِيْنَ	قَاتِلِيْ	لاَ تُقَاتِلِيْ
قَاتَلْتُمَا	تُقَاتِلاَنِ	قَاتِلاَ	لاَ تُقَاتِلاَ
قَاتَلْتُنَّ	تُقَاتِلْنَ	قَاتِلْنَ	لاَ تُقَاتِلْنَ
قَاتَلْتُ	أُقَاتِلُ	لِأُقَاتِلْ	لاَ أُقَاتِلْ
قَاتَلْنَا	نُقَاتِلُ	لِنُقَاتِلْ	لاَ نُقَاتِلْ

اسم الفاعل: مُقَاتِلٌ ، مُقَاتِلاَنِ ، مُقَاتِلُوْنَ ، مُقَاتِلَةٌ ، مُقَاتِلَتَانِ ، مُقَاتِلاَتٌ .

Exercise 22

Conjugate the following verbs:

(1) رَاقَبَ (2) شَاهَدَ (3) دَافَعَ (4) سَافَرَ (5) هَاجَمَ

باب انفعال

إِنْفَطَرَ يَنْفَطِرُ إِنْفِطَارًا فَهُوَ مُنْفَطِرٌ وَأُنْفُطِرَ يُنْفَطَرُ إِنْفِطَارًا فَهُوَ مُنْفَطَرٌ
اَلْأَمْرُ مِنْهُ إِنْفَطِرْ وَالنَّهْيُ عَنْهُ لاَ تَنْفَطِرْ

The sign of (باب انفعال) is the (ن) before the (فاء الكلمة). This (باب) is always intransitive (لازم).

The detailed paradigms of this verb follow hereunder.

النهي المعروف	الأمر المعروف	المضارع المعروف	الماضي المعروف
لاَ يَنْفَطِرْ	لِيَنْفَطِرْ	يَنْفَطِرُ	إِنْفَطَرَ
لاَ يَنْفَطِرَا	لِيَنْفَطِرَا	يَنْفَطِرَانِ	إِنْفَطَرَا
لاَ يَنْفَطِرُوْا	لِيَنْفَطِرُوْا	يَنْفَطِرُوْنَ	إِنْفَطَرُوْا
لاَ تَنْفَطِرْ	لِتَنْفَطِرْ	تَنْفَطِرُ	إِنْفَطَرَتْ
لاَ تَنْفَطِرَا	لِتَنْفَطِرَا	تَنْفَطِرَانِ	إِنْفَطَرَتَا
لاَ يَنْفَطِرْنَ	لِيَنْفَطِرْنَ	يَنْفَطِرْنَ	إِنْفَطَرْنَ
لاَ تَنْفَطِرْ	إِنْفَطِرْ	تَنْفَطِرُ	إِنْفَطَرْتَ
لاَ تَنْفَطِرَا	إِنْفَطِرَا	تَنْفَطِرَانِ	إِنْفَطَرْتُمَا
لاَ تَنْفَطِرُوْا	إِنْفَطِرُوْا	تَنْفَطِرُوْنَ	إِنْفَطَرْتُمْ
لاَ تَنْفَطِرِيْ	إِنْفَطِرِيْ	تَنْفَطِرِيْنَ	إِنْفَطَرْتِ
لاَ تَنْفَطِرَا	إِنْفَطِرَا	تَنْفَطِرَانِ	إِنْفَطَرْتُمَا
لاَ تَنْفَطِرْنَ	إِنْفَطِرْنَ	تَنْفَطِرْنَ	إِنْفَطَرْتُنَّ
لاَ أَنْفَطِرْ	لأَنْفَطِرْ	أَنْفَطِرُ	إِنْفَطَرْتُ
لاَ نَنْفَطِرْ	لِنَنْفَطِرْ	نَنْفَطِرُ	إِنْفَطَرْنَا

اسم الفاعل: مُنْفَطِرٌ ، مُنْفَطِرَانِ ، مُنْفَطِرُوْنَ ، مُنْفَطِرَةٌ ، مُنْفَطِرَتَانِ ، مُنْفَطِرَاتٌ .

Exercise 23

Conjugate the following verbs:

(1) إِنْكَسَرَ (2) إِنْكَشَفَ (3) إِنْقَلَبَ (4) إِنْعَقَدَ (5) إِنْصَرَفَ

باب افتعال

إِجْتَنَبَ يَجْتَنِبُ إِجْتِنَابًا فَهُوَ مُجْتَنِبٌ وَأُجْتُنِبَ يُجْتَنَبُ إِجْتِنَابًا فَهُوَ مُجْتَنَبٌ اَلْأَمْرُ مِنْهُ إِجْتَنِبْ وَالنَّهْيُ عَنْهُ لاَ تَجْتَنِبْ

The sign of (باب افتعال) is the (ت) after the (فاء الكلمة).

Rule 1

If the (فاء الكلمة) of (باب افتعال) is (د), (ذ), or (ز), the (ت) of (افتعال) is changed to (د). If the (فاء الكلمة) is a (د), then (إدغام - assimilation) is compulsory, e.g. (إِدْتَعَوَ) changes to (إِدَّعَى).

If the (فاء الكلمة) of (باب افتعال) is (ذ), then after changing the (ت) to (د), the following three changes are permissible:

(1) The (ذ) is changed to (د) and the rule of (إدغام) is applied, e.g. (إِذْتَكَرَ) changes to (إِدَّكَرَ).

(2) Sometimes the (د) is changed to (ذ) and then the rule of (إدغام) is applied to the (فاء الكلمة), e.g. (إِذْتَكَرَ) changes to (إِذَّكَرَ).

(3) Sometimes the verb is left as it is without applying the rule of (إدغام), e.g. (إِذْدَكَرَ).

If the (فاء الكلمة) of (باب افتعال) is (ز), then after changing the (ت) to (د), the following two changes are permissible:

(1) the verb is left as it is without applying the rule of (إدغام), e.g. (إِزْدَجَرَ).

(2) Sometimes the (د) is changed to (ز) and then the rule of (إدغام) is applied to the (فاء الكلمة), e.g. (إِزْتَجَرَ) changes to (إِزَّجَرَ).

Rule 2

If the (فاء الكلمة) of (باب افتعال) is (ص), (ض), (ط), or (ظ), the (ت) of (افتعال) is changed to (ط). If the (فاء الكلمة) is a (ط), then it is compulsory to apply (إدغام) e.g. (إِطْتَلَبَ) changes to (إِطَّلَبَ).

If the (فاء الكلمة) of (باب افتعال) is (ظ), then after changing the (ت) to (ط), the following three changes are permissible:

(1) The (ظ) is changed to (ط) and the rule of (إدغام) is applied, e.g. (إِظْتَلَمَ) changes to (إِطَّلَمَ).

(2) the verb is left as it is without applying the rule of (إدغام), e.g. (إِظْطَلَمَ).

(3) The (ط) is changed to (ظ) and the rule of (إدغام) is applied, e.g. (إِظْتَلَمَ) changes to (إِظَّلَمَ).

If the (فاء الكلمة) of (باب افتعال) is (ص) or (ض), then after changing the (ت) to (ط), the following two possibilities are permissible:

(1) the verb is left as it is without applying the rule of (إدغام), e.g. (إِصْطَبَرَ) and (إِضْطَرَبَ).

(2) Sometimes the (ط) is changed to (ص) or (ض) and then the rule of (إدغام) is applied, e.g. (إِصْطَبَرَ) changes to (إِصَّبَرَ) and (إِضْطَرَبَ) changes to (إِضَّرَبَ).

Rule 3

If the (فاء الكلمة) of (باب افتعال) is (ث), then it is permissible to change the (ت) to (ث) and apply the rule of (إدغام), e.g. (إِثْتَارَ) changes to (إِثَّارَ).

Rule 4

If the (عين الكلمة) of (باب افتعال) is (ت), (ث), (ج), (ز), (د), (ذ), (س), (ش), (ص), (ض), (ط), or (ظ), then after changing the (ت) to the same letter as the (عين الكلمة), the (حركة) of the (ت) is transferred to the preceding letter and the rule of (إدغام) is applied. The (همزة الوصل) is deleted, e.g. (إخْتَصَمَ) changes to (خَصَّمَ) and (إهْتَدَي) changes to (هَدَّي).

(4.2) The (مضارع) of these verbs - (خَصَّمَ) and (هَدَّي) - will be (يَخَصِّمُ) and (يَهَدِّيْ).

(4.3) It is permissible to have a (كسرة) on the (فاء الكلمة), e.g. (يَخصِّمُوْنَ) and (خصَّمَ يَخصِّمُ) and (هدَّي يَهدِّيْ). The words (يَهدِّيْ) which have appeared in the Qur'ân are from this (باب).

(4.4) It is permissible to read a (ضمة) on the (فاء الكلمة) of the (اسم الفاعل). Therefore all three harakats are permissible, e.g. (مُخَصِّمْ), (مُخِصِّمْ), (مُخُصِّمْ).

Some of the detailed paradigms of this verb follow hereunder.

النهي المعروف	الأمر المعروف	المضارع المعروف	الماضي المعروف
لاَ يَجْتَنِبْ	لِيَجْتَنِبْ	يَجْتَنِبُ	إِجْتَنَبَ
لاَ يَجْتَنِبَا	لِيَجْتَنِبَا	يَجْتَنِبَانِ	إِجْتَنَبَا
لاَ يَجْتَنِبُوْا	لِيَجْتَنِبُوْا	يَجْتَنِبُوْنَ	إِجْتَنَبُوْا
لاَ تَجْتَنِبْ	لِتَجْتَنِبْ	تَجْتَنِبُ	إِجْتَنَبَتْ
لاَ تَجْتَنِبَا	لِتَجْتَنِبَا	تَجْتَنِبَانِ	إِجْتَنَبَتَا
لاَ يَجْتَنِبْنَ	لِيَجْتَنِبْنَ	يَجْتَنِبْنَ	إِجْتَنَبْنَ
لاَ تَجْتَنِبْ	إِجْتَنِبْ	تَجْتَنِبُ	إِجْتَنَبْتَ
لاَ تَجْتَنِبَا	إِجْتَنِبَا	تَجْتَنِبَانِ	إِجْتَنَبْتُمَا
لاَ تَجْتَنِبُوْا	إِجْتَنِبُوْا	تَجْتَنِبُوْنَ	إِجْتَنَبْتُمْ
لاَ تَجْتَنِبِيْ	إِجْتَنِبِيْ	تَجْتَنِبِيْنَ	إِجْتَنَبْتِ
لاَ تَجْتَنِبَا	إِجْتَنِبَا	تَجْتَنِبَانِ	إِجْتَنَبْتُمَا
لاَ تَجْتَنِبْنَ	إِجْتَنِبْنَ	تَجْتَنِبْنَ	إِجْتَنَبْتُنَّ
لاَ أَجْتَنِبْ	لِأَجْتَنِبْ	أَجْتَنِبُ	إِجْتَنَبْتُ
لاَ نَجْتَنِبْ	لِنَجْتَنِبْ	نَجْتَنِبُ	إِجْتَنَبْنَا

اسم الفاعـل: مُجْتَنِبٌ ، مُجْتَنِبَانِ ، مُجْتَنِبُوْنَ ، مُجْتَنِبَةٌ ، مُجْتَنِبَتَانِ ، مُجْتَنِبَاتٌ .

Exercise 24

Conjugate the following verbs:

(1) اِجْتَمَعَ (2) اِحْتَمَلَ (3) اِحْتَرَمَ (4) اِسْتَمَعَ (5) اِشْتَغَلَ

باب إِفْعِلَالٌ

اِحْمَرَّ يَحْمَرُّ اِحْمِرَارًا فَهُوَ مُحْمَرٌّ ٱلْأَمْرُ مِنْهُ اِحْمَرَّ اِحْمَرِّ اِحْمَرِرْ
وَالنَّهْيُ عَنْهُ لَا تَحْمَرَّ لَا تَحْمَرِّ لَا تَحْمَرِرْ

The sign of (باب إفعلال) is the repetition of the (لام الكلمة) and four letters after the (همزة الوصل) in the (الفعل الماضي). The (لام) of this (باب) is always (مشدّد) except in (ناقص).[12] (الكلمة)

Some of the detailed paradigms of this verb follow hereunder.

---

[12] The rules of (ناقص) will be discussed later.

الماضي المعروف	المضارع المعروف	الأمر المعروف	النهي المعروف
إِحْمَرَّ	يَحْمَرُّ	لِيَحْمَرَّ	لاَ يَحْمَرَّ
إِحْمَرَّا	يَحْمَرَّانِ	لِيَحْمَرَّا	لاَ يَحْمَرَّا
إِحْمَرُّوْا	يَحْمَرُّوْنَ	لِيَحْمَرُّوْا	لاَ يَحْمَرُّوْا
إِحْمَرَّتْ	تَحْمَرُّ	لِتَحْمَرَّ	لاَ تَحْمَرَّ
إِحْمَرَّتَا	تَحْمَرَّانِ	لِتَحْمَرَّا	لاَ تَحْمَرَّا
إِحْمَرَرْنَ	يَحْمَرِرْنَ	لِيَحْمَرِرْنَ	لاَ يَحْمَرِرْنَ
إِحْمَرَرْتَ	تَحْمَرُّ	إِحْمَرَّ	لاَ تَحْمَرَّ
إِحْمَرَرْتُمَا	تَحْمَرَّانِ	إِحْمَرَّا	لاَ تَحْمَرَّا
إِحْمَرَرْتُم	تَحْمَرُّوْنَ	إِحْمَرُّوْا	لاَ تَحْمَرُّوْا
إِحْمَرَرْتِ	تَحْمَرِّيْنَ	إِحْمَرِّيْ	لاَ تَحْمَرِّيْ
إِحْمَرَرْتُمَا	تَحْمَرَّانِ	إِحْمَرَّا	لاَ تَحْمَرَّا
إِحْمَرَرْتُنَّ	تَحْمَرِرْنَ	إِحْمَرِرْنَ	لاَ تَحْمَرِرْنَ
إِحْمَرَرْتُ	أَحْمَرُّ	لأَحْمَرَّ	لاَ أَحْمَرَّ
إِحْمَرَرْنَا	نَحْمَرُّ	لِنَحْمَرَّ	لاَ نَحْمَرَّ

اسم الفاعل: مُحْمَرٌّ ، مُحْمَرَّانِ ، مُحْمَرُّوْنَ ، مُحْمَرَّةٌ ، مُحْمَرَّتَانِ ، مُحْمَرَّاتٌ .

Exercise 25

Conjugate the following verbs:

(1) إِسْوَدَّ (2) اِخْضَرَّ (3) إِغْبَرَّ (4) إِصْفَرَّ (5) إِبْيَضَّ

باب تَفَعُّلٌ

تَقَبَّلَ يَتَقَبَّلُ تَقَبُّلًا فَهُوَ مُتَقَبِّلٌ وَتُقُبِّلَ تَقَبُّلًا يُتَقَبَّلُ فَهُوَ مُتَقَبَّلٌ اَلْأَمْرُ مِنْهُ تَقَبَّلْ وَالنَّهْيُ عَنْهُ لاَ تَتَقَبَّلْ

The sign of (باب تفعّل) is the tashdīd of the (عين الكلمة) and (ت) precedes the (فاء الكلمة) in the (الفعل الماضي).

Some of the detailed paradigms of this verb follow hereunder.

النهي المعروف	الأمر المعروف	المضارع المعروف	الماضي المعروف
لَا يَتَقَبَّلْ	لِيَتَقَبَّلْ	يَتَقَبَّلُ	تَقَبَّلَ
لَا يَتَقَبَّلَا	لِيَتَقَبَّلَا	يَتَقَبَّلَانِ	تَقَبَّلَا
لَا يَتَقَبَّلُوا	لِيَتَقَبَّلُوا	يَتَقَبَّلُونَ	تَقَبَّلُوا
لَا تَتَقَبَّلْ	لِتَتَقَبَّلْ	تَتَقَبَّلُ	تَقَبَّلَتْ
لَا تَتَقَبَّلَا	لِتَتَقَبَّلَا	تَتَقَبَّلَانِ	تَقَبَّلَتَا
لَا يَتَقَبَّلْنَ	لِيَتَقَبَّلْنَ	يَتَقَبَّلْنَ	تَقَبَّلْنَ
لَا تَتَقَبَّلْ	تَقَبَّلْ	تَتَقَبَّلُ	تَقَبَّلْتَ
لَا تَتَقَبَّلَا	تَقَبَّلَا	تَتَقَبَّلَانِ	تَقَبَّلْتُمَا
لَا تَتَقَبَّلُوا	تَقَبَّلُوا	تَتَقَبَّلُونَ	تَقَبَّلْتُمْ
لَا تَتَقَبَّلِي	تَقَبَّلِي	تَتَقَبَّلِينَ	تَقَبَّلْتِ
لَا تَتَقَبَّلَا	تَقَبَّلَا	تَتَقَبَّلَانِ	تَقَبَّلْتُمَا
لَا تَتَقَبَّلْنَ	تَقَبَّلْنَ	تَتَقَبَّلْنَ	تَقَبَّلْتُنَّ
لَا أَتَقَبَّلْ	لِأَتَقَبَّلْ	أَتَقَبَّلُ	تَقَبَّلْتُ
لَا نَتَقَبَّلْ	لِنَتَقَبَّلْ	نَتَقَبَّلُ	تَقَبَّلْنَا

اسم الفاعل: مُتَقَبِّلٌ ، مُتَقَبِّلَانِ ، مُتَقَبِّلُونَ ، مُتَقَبِّلَةٌ ، مُتَقَبِّلَتَانِ ، مُتَقَبِّلَاتٌ .

Exercise 26

Conjugate the following verbs:

(1) تَسَلَّمَ (2) تَقَدَّمَ (3) تَكَلَّمَ (4) تَعَجَّبَ (5) تَعَلَّمَ

باب تَفاعُلٌ

تَقَابَلَ يَتَقَابَلُ تَقَابُلاً فَهُوَ مُتَقَابِلٌ وَتُقُوْبِلَ يُتَقَابَلُ تَقَابُلاً فَهُوَ مُتَقَابَلٌ اَلْأَمْرُ مِنْهُ تَقَابَلْ وَالنَّهْيُ عَنْهُ لاَ تَتَقَابَلْ

The sign of (باب تفاعل) is that the (ت) precedes the (فاء الكلمة) in the (الفعل الماضي) and there is an extra (الف) after the (فاء الكلمة).

Rule 1

In (باب تفعّل) and (باب تفاعل), when two (ت)'s are adjacent to one another in the (فعل مضارع), it is permissible to delete one, e.g.

(تَتَقَبَّلُ) ⟶ (تَقَبَّلُ)

(تَتَظَاهَرُوْنَ) ⟶ (تَظَاهَرُوْنَ).

Rule 2

If the (فاء الكلمة) of (باب تفعّل) and (باب تفاعل) is (ت), (ث), (ج), (د), (ذ), (ز), (س), (ش), (ص), (ض), (ط) or (ظ), it is permissible to change the (ت) into the (فاء الكلمة) and apply the rule of (إدغام). In this case, the (الفعل الماضي) and (أمر) require a (همزة الوصل) at the beginning. The (باب إفَّعُلُ) and (باب إفّاعُلُ) have been created due to this rule.

Examples:

(تَطَهَّرَ) ⟵ (ططَهَّرَ) ⟵ (إطَّهَّرَ)

(تَثَاقَلَ) ⟵ (ثثَاقَلَ) ⟵ (إثَّاقَلَ)

باب إفَّعُلُ ــ إطَّهَّرَ يَطَّهَّرُ إطَّهُّرًا فهو مُطَّهِّرٌ الأمر منه إطَّهَّرْ والنهي عنه لاَ تَطَّهَّرْ

باب إفّاعُلُ ــ إثَّاقَلَ يَثَّاقَلُ إثَّاقُلًا فهو مُثَّاقِلٌ الأمر منه إثَّاقَلْ والنهي عنه لاَ تَثَّاقَلْ

Some of the detailed paradigms of this verb follow hereunder.

النهي المعروف	الأمر المعروف	المضارع المعروف	الماضي المعروف
لاَ يَتَقَابَلْ	لِيَتَقَابَلْ	يَتَقَابَلُ	تَقَابَلَ
لاَ يَتَقَابَلاَ	لِيَتَقَابَلاَ	يَتَقَابَلاَنِ	تَقَابَلاَ
لاَ يَتَقَابَلُوا	لِيَتَقَابَلُوْا	يَتَقَابَلُوْنَ	تَقَابَلُوْا
لاَ تَتَقَابَلْ	لِتَتَقَابَلْ	تَتَقَابَلُ	تَقَابَلَتْ
لاَ تَتَقَابَلاَ	لِتَتَقَابَلاَ	تَتَقَابَلاَنِ	تَقَابَلَتَا
لاَ يَتَقَابَلْنَ	لِيَتَقَابَلْنَ	يَتَقَابَلْنَ	تَقَابَلْنَ
لاَ تَتَقَابَلْ	تَقَابَلْ	تَتَقَابَلُ	تَقَبَّلْتَ
لاَ تَتَقَابَلاَ	تَقَابَلاَ	تَتَقَابَلاَنِ	تَقَابَلْتُمَا
لاَ تَتَقَابَلُوا	تَقَابَلُوْا	تَتَقَابَلُوْنَ	تَقَابَلْتُمْ
لاَ تَتَقَابَلِي	تَقَابَلِيْ	تَتَقَابَلِيْنَ	تَقَبَّلْتِ
لاَ تَتَقَابَلاَ	تَقَابَلاَ	تَتَقَابَلاَنِ	تَقَابَلْتُمَا
لاَ تَتَقَابَلْنَ	تَقَابَلْنَ	تَتَقَابَلْنَ	تَقَابَلْتُنَّ
لاَ أَتَقَابَلْ	لِأَتَقَابَلْ	أَتَقَابَلُ	تَقَابَلْتُ
لاَ نَتَقَابَلْ	لِنَتَقَابَلْ	نَتَقَابَلُ	تَقَابَلْنَا

اسم الفاعل: مُتَقَابِلٌ ، مُتَقَابِلاَنِ ، مُتَقَابِلُوْنَ ، مُتَقَابِلَةٌ ، مُتَقَابِلَتَانِ ، مُتَقَابِلاَتٌ .

Exercise 27

Conjugate the following verbs:

(1) تَحَادَثَ (2) تَقَاتَلَ (3) تَفَارَقَ (4) تَظَاهَرَ (5) تَخَاصَمَ

باب إسْتِفْعَالٌ

إِسْتَنْصَرَ يَسْتَنْصِرُ إِسْتِنْصَارًا فَهُوَ مُسْتَنْصِرٌ وَأُسْتُنْصِرَ يُسْتَنْصَرُ إِسْتِنْصَارًا فَهُوَ مُسْتَنْصَرٌ الأمر منه إِسْتَنْصِرْ والنهي عنه لاَ تَسْتَنْصِرْ

The sign of (بَاب إِسْتِفْعَالٌ) is the extra (س) and (ت) before the (فاء الكلمة).

It is permissible to delete the (ت) from the verb (إِسْتَطَاعَ يَسْتَطِيْعُ). The verbs (مَا لَمْ تَسْطِعْ) and (فَمَا اسْطَاعُوْا) mentioned in the Qur'ân are from this (باب).

Some of the detailed paradigms of this verb follow hereunder.

النهي المعروف	الأمر المعروف	المضارع المعروف	الماضي المعروف
لَا يَسْتَنْصِرْ	لِيَسْتَنْصِرْ	يَسْتَنْصِرُ	إِسْتَنْصَرَ
لَا يَسْتَنْصِرَا	لِيَسْتَنْصِرَا	يَسْتَنْصِرَانِ	إِسْتَنْصَرَا
لَا يَسْتَنْصِرُوْا	لِيَسْتَنْصِرُوْا	يَسْتَنْصِرُوْنَ	إِسْتَنْصَرُوْا
لَا تَسْتَنْصِرْ	لِتَسْتَنْصِرْ	تَسْتَنْصِرُ	إِسْتَنْصَرَتْ
لَا تَسْتَنْصِرَا	لِتَسْتَنْصِرَا	تَسْتَنْصِرَانِ	إِسْتَنْصَرَتَا
لَا يَسْتَنْصِرْنَ	لِيَسْتَنْصِرْنَ	يَسْتَنْصِرْنَ	إِسْتَنْصَرْنَ
لَا تَسْتَنْصِرْ	إِسْتَنْصِرْ	تَسْتَنْصِرُ	إِسْتَنْصَرْتَ
لَا تَسْتَنْصِرَا	إِسْتَنْصِرَا	تَسْتَنْصِرَانِ	إِسْتَنْصَرْتُمَا
لَا تَسْتَنْصِرُوْا	إِسْتَنْصِرُوْا	تَسْتَنْصِرُوْنَ	إِسْتَنْصَرْتُمْ
لَا تَسْتَنْصِرِيْ	إِسْتَنْصِرِيْ	تَسْتَنْصِرِيْنَ	إِسْتَنْصَرْتِ
لَا تَسْتَنْصِرَا	إِسْتَنْصِرَا	تَسْتَنْصِرَانِ	إِسْتَنْصَرْتُمَا
لَا تَسْتَنْصِرْنَ	إِسْتَنْصِرْنَ	تَسْتَنْصِرْنَ	إِسْتَنْصَرْتُنَّ
لَا أَسْتَنْصِرْ	لِأَسْتَنْصِرْ	أَسْتَنْصِرُ	إِسْتَنْصَرْتُ
لَا نَسْتَنْصِرْ	لِنَسْتَنْصِرْ	نَسْتَنْصِرُ	إِسْتَنْصَرْنَا

اسم الفاعل: مُسْتَنْصِرٌ ، مُسْتَنْصِرَانِ ، مُسْتَنْصِرُوْنَ ، مُسْتَنْصِرَةٌ ، مُسْتَنْصِرَتَانِ ، مُسْتَنْصِرَاتٌ .

Exercise 28

Conjugate the following verbs:

(1) إِسْتَحْسَنَ (2) إِسْتَقْبَلَ (3) إِسْتَعْلَمَ (4) إِسْتَشْهَدَ (5) إِسْتَخْدَمَ

باب إِفْعِيْعَالٌ

إِخْشَوْشَنَ يَخْشَوْشِنُ إِخْشِيْشَانًا فَهُوَ مُخْشَوْشِنٌ الأمر منه إِخْشَوْشِنْ والنهي عنه لاَ تَخْشَوْشِنْ

The sign of (بَاب إِفْعِيْعَالٌ) is the repetition of the (ع) and the appearance of a (و) between the two (ع)'s. This (و) has changed to a (ي) in the (مصدر) due to the preceding (كسرة). This (باب) is mostly intransitive (لازم).

Some of the detailed paradigms of this verb follow hereunder.

From the Treasures of Arabic Morphology

النهي المعروف	الأمر المعروف	المضارع المعروف	الماضي المعروف
لاَ يَخْشَوْشِنْ	لِيَخْشَوْشِنْ	يَخْشَوْشِنُ	إخْشَوْشَنَ
لاَ يَخْشَوْشِنَا	لِيَخْشَوْشِنَا	يَخْشَوْشِنَانِ	إخْشَوْشَنَا
لاَ يَخْشَوْشِنُوا	لِيَخْشَوْشِنُوا	يَخْشَوْشِنُونَ	إخْشَوْشَنُوا
لاَ تَخْشَوْشِنْ	لِتَخْشَوْشِنْ	تَخْشَوْشِنُ	إخْشَوْشَنَتْ
لاَ تَخْشَوْشِنَا	لِتَخْشَوْشِنَا	تَخْشَوْشِنَانِ	إخْشَوْشَنَتَا
لاَ يَخْشَوْشِنَّ	لِيَخْشَوْشِنَّ	يَخْشَوْشِنَّ	إخْشَوْشَنَّ
لاَ تَخْشَوْشِنْ	إخْشَوْشِنْ	تَخْشَوْشِنُ	إخْشَوْشَنْتَ
لاَ تَخْشَوْشِنَا	إخْشَوْشِنَا	تَخْشَوْشِنَانِ	إخْشَوْشَنْتُمَا
لاَ تَخْشَوْشِنُوا	إخْشَوْشِنُوا	تَخْشَوْشِنُونَ	إخْشَوْشَنْتُمْ
لاَ تَخْشَوْشِنِي	إخْشَوْشِنِي	تَخْشَوْشِنِينَ	إخْشَوْشَنْتِ
لاَ تَخْشَوْشِنَا	إخْشَوْشِنَا	تَخْشَوْشِنَانِ	إسْتَنْصَرْتُمَا
لاَ تَخْشَوْشِنَّ	إخْشَوْشِنَّ	تَخْشَوْشِنَّ	إخْشَوْشَنْتَنَّ
لاَ أخْشَوْشِنْ	لأخْشَوْشِنْ	أخْشَوْشِنُ	إخْشَوْشَنْتُ
لاَ نَخْشَوْشِنْ	لِنَخْشَوْشِنْ	نَخْشَوْشِنُ	إخْشَوْشَنَّا

اسم الفاعل: مُخْشَوْشِنٌ ، مُخْشَوْشِنَانِ ، مُخْشَوْشِنُونَ ، مُخْشَوْشِنَةٌ ، مُخْشَوْشِنَتَانِ ، مُخْشَوْشِناتٌ .

Exercise 29

Conjugate the following verbs:

(1) إِحْدَوْدَبَ (2) إِمْلَوْلَحَ (3) إِخْلَوْلَقَ

باب إِفْعِيْلَالٌ

إِدْهَامَّ يَدْهَامُّ إِدْهِيْمَامًا فَهُوَ مُدْهَامٌّ الأمر منه إِدْهَامَّ إِدْهَامِّ إِدْهَامِمْ والنهي عنه لاَ تَدْهَامَّ لاَ تَدْهَامِّ لاَ تَدْهَامِمْ

The sign of (إِفْعِيْلَالٌ باب) is the repetition of the (ل) and the appearance of an extra (الف) before the first (ل) in the (الفعل الماضي). This (الف) changes to a (ي) in the (مصدر).

The (إدغام) in this (باب) is similar to the (إدغام) of (إِفْعِلَالٌ باب). The verbs of (إِفْعِلَالٌ باب) and (إِفْعِيْلَالٌ باب) mostly have the meanings of colours and defects and they are intransitive (لازم).

Some of the detailed paradigms of this verb follow hereunder.

النهي المعروف	الأمر المعروف	المضارع المعروف	الماضي المعروف
لاَ يَدْهَامَّ	لِيَدْهَامَّ	يَدْهَامُّ	إِدْهَامَّ
لاَ يَدْهَامَّا	لِيَدْهَامَّا	يَدْهَامَّانِ	إِدْهَامَّا
لاَ يَدْهَامُّوْا	لِيَدْهَامُّوْا	يَدْهَامُّوْنَ	إِدْهَامُّوْا
لاَ تَدْهَامَّ	لِتَدْهَامَّ	تَدْهَامُّ	إِدْهَامَّتْ
لاَ تَدْهَامَّا	لِتَدْهَامَّا	تَدْهَامَّانِ	إِدْهَامَّتَا
لاَ يَدْهَامِمْنَ	لِيَدْهَامِمْنَ	يَدْهَامِمْنَ	إِدْهَامَمْنَ
لاَ تَدْهَامَّ	إِدْهَامَّ	تَدْهَامُّ	إِدْهَامَمْتَ
لاَ تَدْهَامَّا	إِدْهَامَّا	تَدْهَامَّانِ	إِدْهَامَمْتُمَا
لاَ تَدْهَامُّوْا	إِدْهَامُّوْا	تَدْهَامُّوْنَ	إِدْهَامَمْتُمْ
لاَ تَدْهَامِّيْ	إِدْهَامِّيْ	تَدْهَامِّيْنَ	إِدْهَامَمْتِ
لاَ تَدْهَامَّا	إِدْهَامَّا	تَدْهَامَّانِ	إِدْهَامَمْتُمَا
لاَ تَدْهَامِمْنَ	إِدْهَامِمْنَ	تَدْهَامِمْنَ	إِدْهَامَمْتُنَّ
لاَ أَدْهَامَّ	لِأَدْهَامَّ	أَدْهَامُّ	إِدْهَامَمْتُ
لاَ نَدْهَامَّ	لِنَدْهَامَّ	نَدْهَامُّ	إِدْهَامَمْنَا

اسم الفاعل: مُدْهَامٌّ ، مُدْهَامَّانِ ، مُدْهَامُّوْنَ ، مُدْهَامَّةٌ ، مُدْهَامَّتَانِ ، مُدْهَامَّاتٌ .

Exercise 30

Conjugate the following verbs:

(1) إِشْهَابٌّ (2) إِكْمَاتٌّ (3) إِسْمَارٌّ (4) إِحْمَارٌّ

باب إفْعِوَّالٌ

إِجْلَوَّذَ يَجْلَوِّذُ إِجْلِوَّاذًا فَهُوَ مُجْلَوِّذٌ الأمر منه إِجْلَوِّذْ والنهي عنه لاَ تَجْلَوِّذْ

The sign of (بابِ إفْعِوَّالٌ) is the (وّ) after the (عين الكلمة).

Some of the detailed paradigms of this verb follow hereunder.

النهي المعروف	الأمر المعروف	المضارع المعروف	الماضي المعروف
لاَ يَجْلَوِّذْ	لِيَجْلَوِّذْ	يَجْلَوِّذُ	إِجْلَوَّذَ
لاَ يَجْلَوِّذَا	لِيَجْلَوِّذَا	يَجْلَوِّذَانِ	إِجْلَوَّذَا
لاَ يَجْلَوِّذُوا	لِيَجْلَوِّذُوْا	يَجْلَوِّذُوْنَ	إِجْلَوَّذُوْا
لاَ تَجْلَوِّذْ	لِتَجْلَوِّذْ	تَجْلَوِّذُ	إِجْلَوَّذَتْ
لاَ تَجْلَوِّذَا	لِتَجْلَوِّذَا	تَجْلَوِّذَانِ	إِجْلَوَّذَتَا
لاَ يَجْلَوِّذْنَ	لِيَجْلَوِّذْنَ	يَجْلَوِّذْنَ	إِجْلَوَّذْنَ
لاَ تَجْلَوِّذْ	إِجْلَوِّذْ	تَجْلَوِّذُ	إِجْلَوَّذْتَ
لاَ تَجْلَوِّذَا	إِجْلَوِّذَا	تَجْلَوِّذَانِ	إِجْلَوَّذْتُمَا
لاَ تَجْلَوِّذُوا	إِجْلَوِّذُوْا	تَجْلَوِّذُوْنَ	إِجْلَوَّذْتُمْ
لاَ تَجْلَوِّذِيْ	إِجْلَوِّذِيْ	تَجْلَوِّذِيْنَ	إِجْلَوَّذْتِ
لاَ تَجْلَوِّذَا	إِجْلَوِّذَا	تَجْلَوِّذَانِ	إِجْلَوَّذْتُمَا
لاَ تَجْلَوِّذْنَ	إِجْلَوِّذْنَ	تَجْلَوِّذْنَ	إِجْلَوَّذْتُنَّ
لاَ أَجْلَوِّذْ	لِأَجْلَوِّذْ	أَجْلَوِّذُ	إِجْلَوَّذْتُ
لاَ نَجْلَوِّذْ	لِنَجْلَوِّذْ	نَجْلَوِّذُ	إِجْلَوَّذْنَا

اسم الفاعل: مُجْلَوِّذٌ ، مُجْلَوِّذَانِ ، مُجْلَوِّذُوْنَ ، مُجْلَوِّذَةٌ ، مُجْلَوِّذَتَانِ ، مُجْلَوِّذَاتٌ .

Exercise 31

(A) Conjugate the following verbs:

(1) إِخْرَوَّطَ

(2) إِعْلَوَّطَ

(B) What is the (صيغة) of the following words:

(1) مُجْلَوِّذُوْنَ

(2) لَيَجْلَوِّذَنَّ

(3) لاَ تَعْلَوِّطِيْ

(4) مُخْرَوَّطَةٌ

(5) إِجْلَوِّذَا

(6) إِخْرَوَّطْتُنَّ

(7) إِعْلَوَّطْنَا

(8) إِحْمَارَرْتُ

(9) يَكْمَأَّتَانِ

(10) لاَ تَسْمَارِرْنَ

Four-Root letter Verbs

The (أبواب) of (رباعي)

رباعي مجرد — باب فَعْلَلَةٌ

بَعْثَرَ يُبَعْثِرُ بَعْثَرَةً فَهُوَ مُبَعْثِرٌ و بُعْثِرَ يُبَعْثَرُ بَعْثَرَةً فَهُوَ مُبَعْثَرٌ الأمر منه بَعْثِرْ والنهي عنه لاَ تُبَعْثِرْ

The sign of (باب فَعْلَلَةٌ) is the presence of four root letters in the (باب) of this (مضموم) is (علامة المضارع). The (الفعل الماضي).

The rule for the (حركة) of the (علامة المضارع) is that if the (الفعل الماضي) has four letters, whether root letters or extra letters, the (علامة المضارع) will be (مضموم) even in the active tense الفعل) e.g. (مَعروف), (يُكْرِمُ), (يُصَرِّفُ), (يُقَاتِلُ), (يُبَعْثِرُ). If the (الماضي) has less than or more than four letters, the (علامة المضارع) will be (مفتوح), e.g. (يَنْصُرُ), (يَجْتَنِبُ), (يَتَقَابَلُ).

Four-root letter verbs are of three types:
(1) those of genuine four-radical origin, e.g. (تَرْجَمَ) – to translate.

(2) verbs formed by the doubling of a biliteral root, e.g. (غَرْغَرَ) –

to gargle, (تَمْتَمَ) – to stammer.

(3) composite roots taken from a familiar phrase or combination of roots, e.g. (حَمْدَلَ) – to say Al-ḥamdulillāh, (بَسْمَلَ) – to say Bismillāh.

Some of the detailed paradigms of this verb follow hereunder.

النهي المعروف	الأمر المعروف	المضارع المعروف	الماضي المعروف
لاَ يُبَعْثِرْ	لِيُبَعْثِرْ	يُبَعْثِرُ	بَعْثَرَ
لاَ يُبَعْثِرَا	لِيُبَعْثِرَا	يُبَعْثِرَانِ	بَعْثَرَا
لاَ يُبَعْثِرُوْا	لِيُبَعْثِرُوْا	يُبَعْثِرُوْنَ	بَعْثَرُوْا
لاَ تُبَعْثِرْ	لِتُبَعْثِرْ	تُبَعْثِرُ	بَعْثَرَتْ
لاَ تُبَعْثِرَا	لِتُبَعْثِرَا	تُبَعْثِرَانِ	بَعْثَرَتَا
لاَ يُبَعْثِرْنَ	لِيُبَعْثِرْنَ	يُبَعْثِرْنَ	بَعْثَرْنَ
لاَ تُبَعْثِرْ	بَعْثِرْ	تُبَعْثِرُ	بَعْثَرْتَ
لاَ تُبَعْثِرَا	بَعْثِرَا	تُبَعْثِرَانِ	بَعْثَرْتُمَا
لاَ تُبَعْثِرُوْا	بَعْثِرُوْا	تُبَعْثِرُوْنَ	بَعْثَرْتُمْ
لاَ تُبَعْثِرِيْ	بَعْثِرِيْ	تُبَعْثِرِيْنَ	بَعْثَرْتِ
لاَ تُبَعْثِرَا	بَعْثِرَا	تُبَعْثِرَانِ	بَعْثَرْتُمَا
لاَ تُبَعْثِرْنَ	بَعْثِرْنَ	تُبَعْثِرْنَ	بَعْثَرْتُنَّ
لاَ أُبَعْثِرْ	لِأُبَعْثِرْ	أُبَعْثِرُ	بَعْثَرْتُ
لاَ نُبَعْثِرْ	لِنُبَعْثِرْ	نُبَعْثِرُ	بَعْثَرْنَا

اسم الفاعل: مُبَعْثِرٌ ، مُبَعْثِرَانِ ، مُبَعْثِرُوْنَ ، مُبَعْثِرَةٌ ، مُبَعْثِرَتَانِ ، مُبَعْثِرَاتٌ .

Exercise 32

Conjugate the following verbs:

(1) دَحْرَجَ

(2) عَسْكَرَ

(3) زَخْرَفَ

(4) هَنْدَسَ

(5) قَنْطَرَ

(B) What is the (صيغة) of the following words:

(1) لاَ تُدَحْرِجْ

(2) مُعَسْكَرٌ

(3) لاَ تُدَمْدِمِيْ

(4) زَلْزِلْ

(5) مُهَنْدِسٌ

(6) يُقَنْطِرُوْنَ

(7) فَرْقَعْتُمْ

(8) خَلْخِلُوْا

(9) مُرَفْرِفَةٌ

(10) لاَ تُزَخْرِفْنَ

The Derived Forms of Four-Root Letter Verbs

رباعي مزيد فيه

باب تَفَعْلُلٌ

تَسَرْبَلَ يَتَسَرْبَلُ تَسَرْبُلًا فَهُوَ مُتَسَرْبِلٌ الأمر منه تَسَرْبَلْ والنهي عنه لاَ تَتَسَرْبَلْ

The sign of (تَفَعْلُلٌ) (باب) is the extra (ت) before the four root letters.

Some of the detailed paradigms of this verb follow hereunder.

النهي المعروف	الأمر المعروف	المضارع المعروف	الماضي المعروف
لاَ يَتَسَرْبَلْ	لِيَتَسَرْبَلْ	يَتَسَرْبَلُ	تَسَرْبَلَ
لاَ يَتَسَرْبَلاَ	لِيَتَسَرْبَلاَ	يَتَسَرْبَلاَنِ	تَسَرْبَلاَ
لاَ يَتَسَرْبَلُوا	لِيَتَسَرْبَلُوا	يَتَسَرْبَلُوْنَ	تَسَرْبَلُوا
لاَ تَتَسَرْبَلْ	لِتَتَسَرْبَلْ	تَتَسَرْبَلُ	تَسَرْبَلَتْ
لاَ تَتَسَرْبَلاَ	لِتَتَسَرْبَلاَ	تَتَسَرْبَلاَنِ	تَسَرْبَلَتَا
لاَ يَتَسَرْبَلْنَ	لِيَتَسَرْبَلْنَ	يَتَسَرْبَلْنَ	تَسَرْبَلْنَ
لاَ تَتَسَرْبَلْ	تَسَرْبَلْ	تَتَسَرْبَلُ	تَسَرْبَلْتَ
لاَ تَتَسَرْبَلاَ	تَسَرْبَلاَ	تَتَسَرْبَلاَنِ	تَسَرْبَلْتُمَا
لاَ تَتَسَرْبَلُوا	تَسَرْبَلُوا	تَتَسَرْبَلُوْنَ	تَسَرْبَلْتُمْ
لاَ تَتَسَرْبَلِي	تَسَرْبَلِي	تَتَسَرْبَلِيْنَ	تَسَرْبَلْتِ
لاَ تَتَسَرْبَلاَ	تَسَرْبَلاَ	تَتَسَرْبَلاَنِ	تَسَرْبَلْتُمَا
لاَ تَتَسَرْبَلْنَ	تَسَرْبَلْنَ	تَتَسَرْبَلْنَ	تَسَرْبَلْتُنَّ
لاَ أَتَسَرْبَلْ	لِأَتَسَرْبَلْ	أَتَسَرْبَلُ	تَسَرْبَلْتُ
لاَ نَتَسَرْبَلْ	لِنَتَسَرْبَلْ	نَتَسَرْبَلُ	تَسَرْبَلْنَا

اسم الفاعل: مُتَسَرْبِلٌ ، مُتَسَرْبِلاَنِ ، مُتَسَرْبِلُوْنَ ، مُتَسَرْبِلَةٌ ، مُتَسَرْبِلَتَانِ ، مُتَسَرْبِلاَتٌ .

Exercise 33

Conjugate the following verbs:

(1) تَمَذْهَبَ (2) تَسَرْبَلَ (3) تَزَنْدَقَ (4) تَبَخْتَرَ (5) تَمَسْلَمَ

باب إِفْعِلَّالٌ

إِقْشَعَرَّ يَقْشَعِرُّ إِقْشِعْرَارًا فَهُوَ مُقْشَعِرٌّ الأمر منه إِقْشَعِرَّ إِقْشَعِرِّ إِقْشَعْرِرْ
والنهي عنه لاَ تَقْشَعِرَّ لاَ تَقْشَعِرِّ لاَ تَقْشَعْرِرْ

The sign of (إِفْعِلَّالٌ باب) is having four root letters, the repetition of the second (ل) and the inclusion of (همزة الوصل) in the (الفعل الماضي) and (أمر).

Some of the detailed paradigms of this verb follow hereunder.

النهي المعروف	الأمر المعروف	المضارع المعروف	الماضي المعروف
لاَ يَقْشَعِرَّ	لِيَقْشَعِرَّ	يَقْشَعِرُّ	اِقْشَعَرَّ
لاَ يَقْشَعِرَّا	لِيَقْشَعِرَّا	يَقْشَعِرَّانِ	اِقْشَعَرَّا
لاَ يَقْشَعِرُّوا	لِيَقْشَعِرُّوا	يَقْشَعِرُّونَ	اِقْشَعَرُّوا
لاَ تَقْشَعِرَّ	لِتَقْشَعِرَّ	تَقْشَعِرُّ	اِقْشَعَرَّتْ
لاَ تَقْشَعِرَّا	لِتَقْشَعِرَّا	تَقْشَعِرَّانِ	اِقْشَعَرَّتَا
لاَ يَقْشَعْرِرْنَ	لِيَقْشَعْرِرْنَ	يَقْشَعْرِرْنَ	اِقْشَعْرَرْنَ
لاَ تَقْشَعِرَّ	اِقْشَعِرَّ	تَقْشَعِرُّ	اِقْشَعْرَرْتَ
لاَ تَقْشَعِرَّا	اِقْشَعِرَّا	تَقْشَعِرَّانِ	اِقْشَعْرَرْتُمَا
لاَ تَقْشَعِرُّوا	اِقْشَعِرُّوا	تَقْشَعِرُّونَ	اِقْشَعْرَرْتُمْ
لاَ تَقْشَعِرِّي	اِقْشَعِرِّي	تَقْشَعِرِّينَ	اِقْشَعْرَرْتِ
لاَ تَقْشَعِرَّا	اِقْشَعِرَّا	تَقْشَعِرَّانِ	اِقْشَعْرَرْتُمَا
لاَ تَقْشَعْرِرْنَ	اِقْشَعْرِرْنَ	تَقْشَعْرِرْنَ	اِقْشَعْرَرْتُنَّ
لاَ أَقْشَعِرَّ	لِأَقْشَعِرَّ	أَقْشَعِرُّ	اِقْشَعْرَرْتُ
لاَ نَقْشَعِرَّ	لِنَقْشَعِرَّ	نَقْشَعِرُّ	اِقْشَعْرَرْنَا

اسم الفاعل: مُقْشَعِرٌّ ، مُقْشَعِرَّانِ ، مُقْشَعِرُّوْنَ ، مُقْشَعِرَّةٌ ، مُقْشَعِرَّتَانِ ، مُقْشَعِرَّاتٌ .

Exercise 34

Conjugate the following verbs:

(1) إِضْمَحَلَّ (2) إِطْمَأَنَّ (3) إِقْمَطَرَّ (4) إِشْفَتَرَّ (5) إِزْمَهَرَّ

باب إِفْعَنْلَالٌ

إِبْرَنْشَقَ يَبْرَنْشِقُ إِبْرِنْشَاقًا فَهُوَ مُبْرَنْشِقٌ الأمر منه إِبْرَنْشِقْ والنهي عنه لَا تَبْرَنْشِقْ

The sign of (بابُ إِفْعَنْلَالٌ) is the inclusion of (همزة الوصل) in the (الفعل الماضي) and (أمر) and the extra (ن) after the (ع).

Some of the detailed paradigms of this verb follow hereunder.

النهي المعروف	الأمر المعروف	المضارع المعروف	الماضي المعروف
لَا يَبْرَنْشَقْ	لِيَبْرَنْشِقْ	يَبْرَنْشِقُ	إِبْرَنْشَقَ
لَا يَبْرَنْشِقَا	لِيَبْرَنْشِقَا	يَبْرَنْشِقَانِ	إِبْرَنْشَقَا
لَا يَبْرَنْشِقُوا	لِيَبْرَنْشِقُوا	يَبْرَنْشِقُونَ	إِبْرَنْشَقُوا
لَا تَبْرَنْشِقْ	لِتَبْرَنْشِقْ	تَبْرَنْشِقُ	إِبْرَنْشَقَتْ
لَا تَبْرَنْشِقَا	لِتَبْرَنْشِقَا	تَبْرَنْشِقَانِ	إِبْرَنْشَقَتَا
لَا يَبْرَنْشِقْنَ	لِيَبْرَنْشِقْنَ	يَبْرَنْشِقْنَ	إِبْرَنْشَقْنَ
لَا تَبْرَنْشِقْ	إِبْرَنْشِقْ	تَبْرَنْشِقُ	إِبْرَنْشَقْتَ
لَا تَبْرَنْشِقَا	إِبْرَنْشِقَا	تَبْرَنْشِقَانِ	إِبْرَنْشَقْتُمَا
لَا تَبْرَنْشِقُوا	إِبْرَنْشِقُوا	تَبْرَنْشِقُونَ	إِبْرَنْشَقْتُمْ
لَا تَبْرَنْشِقِي	إِبْرَنْشِقِي	تَبْرَنْشِقِينَ	إِبْرَنْشَقْتِ
لَا تَبْرَنْشِقَا	إِبْرَنْشِقَا	تَبْرَنْشِقَانِ	إِبْرَنْشَقْتُمَا
لَا تَبْرَنْشِقْنَ	إِبْرَنْشِقْنَ	تَبْرَنْشِقْنَ	إِبْرَنْشَقْتُنَّ
لَا أَبْرَنْشِقْ	لِأَبْرَنْشِقْ	أَبْرَنْشِقُ	إِبْرَنْشَقْتُ
لَا نَبْرَنْشِقْ	لِنَبْرَنْشِقْ	نَبْرَنْشِقُ	إِبْرَنْشَقْنَا

اسم الفاعل: مُبْرَنْشِقٌ ، مُبْرَنْشِقَانِ ، مُبْرَنْشِقُونَ ، مُبْرَنْشِقَةٌ ، مُبْرَنْشِقَتَانِ ، مُبْرَنْشِقَاتٌ .

Exercise 35

(A) Conjugate the following verbs:

(1) إِخْرَنْطَمَ
(2) إِبْلَنْدَحَ
(3) إِعْرَنْكَسَ
(4) إِسْلَنْطَحَ
(5) إِحْوَنْصَلَ

(B) What is the (صيغة) of the following words:

(1) لاَ تَحْوَنْصِلْ
(2) مُصْلَنْطِحَان
(3) لأَعْرَنْكِسْ
(4) مُبْلَنْدَحَاتٌ
(5) اخْرَنْطَمْنَا
(6) إِبْلَنْدِحِيْ
(7) مُحْوَنْصِلَتَان
(8) افْرَنْقَعُوْا
(9) مُعْرَنْكِسَتَان
(10) لاَ تَخْرَنْطِمْنَ

Other Derived Forms
The (أبواب) of (ثلاثي مزيد فيه ملحق)

There are two categories of (أبواب) here:

(1) (ملحق برباعي مجرد)

(2) (ملحق برباعي مزيد)

The first category (ملحق برباعي مجرد) has seven (أبواب):

(1) (فَعْلَلَــةٌ) – the (ل) is repeated, e.g. (جَلْبَبَةٌ) – to don a shawl.

تَصْرِيْفُهُ : جَلْبَبَ يُجَلْبِبُ جَلْبَبَةً فَهُوَ مُجَلْبِبٌ الأمر منه جَلْبِبْ والنهي عنه لاَ تُجَلْبِبْ

(2) (فَعْوَلَــةٌ) – there is an extra (و) after the (ع), e.g. (سَرْوَلَةٌ) – to don a trouser.

تَصْرِيْفُهُ : سَرْوَلَ يُسَرْوِلُ سَرْوَلَةً فَهُوَ مُسَرْوِلٌ الأمر منه سَرْوِلْ والنهي عنه لاَ تُسَرْوِلْ

(3) (فَيْعَلَةٌ) – there is an extra (ي) after the (ف), e.g. (صَيْطَرَةٌ) – to command. This word can be used as (سَيْطَرَ) as well.

From the Treasures of Arabic Morphology

تَصْرِيْفُهُ : صَيْطَرَ يُصَيْطِرُ صَيْطَرَةً فَهُوَ مُصَيْطِرٌ الأمر منه صَيْطِرْ والنهي عنه لاَ تُصَيْطِرْ

(4) (**فَعِيْلَةٌ**) – there is an extra (ي) after the (ع), e.g. (شَرْيَفَةٌ) – to trim the extra leaves of a plant.

تَصْرِيْفُهُ : شَرْيَفَ يُشَرْيِفُ شَرْيَفَةً فَهُوَ مُشَرْيِفٌ الأمر منه شَرْيِفْ والنهي عنه لاَ تُشَرْيِفْ

(5) (**فَوْعَلَةٌ**) – there is an extra (و) after the (ف), e.g. (جَوْرَبَةٌ) – to make someone don socks.

تَصْرِيْفُهُ : جَوْرَبَ يُجَوْرِبُ جَوْرَبَةً فَهُوَ مُجَوْرِبٌ الأمر منه جَوْرِبْ والنهي عنه لاَ تُجَوْرِبْ

(6) (**فَعْنَلَةٌ**) – there is an extra (ن) after the (ع), e.g. (قَلْنَسَةٌ) – to make someone don a hat.

تَصْرِيْفُهُ : قَلْنَسَ يُقَلْنِسُ قَلْنَسَةً فَهُوَ مُقَلْنِسٌ الأمر منه قَلْنِسْ والنهي عنه لاَ تُقَلْنِسْ

(7) (**فَعْلَاةٌ**) – there is an extra (ي) after the (ل), e.g. (قَلْسَاةٌ) – to

make someone don a hat.

تَصْرِيْفُهُ : قَلْسَيَ يُقَلْسِيْ قَلْسَاةً فَهُوَ مُقَلْسٍ وَقُلْسِيَ يُقَلْسِيَ قَلْسَاةً فَهُوَ مُقَلْسَىً الأمر منه قَلْسٍ والنهي عنه لاَ تُقَلْسٍ

(يُقَلْسِيْ) was originally (قَلْسَيَ). (قَلْسَيَ) was originally (قَلْسَىَ).(قَلْسَاةً) was originally (قَلْسَيَةً). These changes will be discussed later.

The second category - (ملحق برباعي مزيد) has three groups:

(1) (ملحق بتَفَعْلُلٌ)
(2) (ملحق بإفْعِنْلَالٌ)
(3) (ملحق بإفْعِلَّالٌ)

The first group (ملحق بتَفَعْلُلٌ) has 8 (أبواب):

(1) (تَفَعْلُلٌ) – the extra letters are (ت) before the (ف) and the (ل) is repeated, e.g. (تَجَلْبُبٌ) – to don a shawl.

(2) (تَفَعْوُلٌ) – the extra letters are (ت) before the (ف) and the (و) between the (ع) and the (ل), e.g. (تَسَرْوُلٌ) – to don a trouser.

(3) (تَفَيْعُلٌ) – the extra letters are (ت) before the (ف) and a (ي)

From the Treasures of Arabic Morphology

after the (ف), e.g. (تَشَيْطُنْ) – to be a satan.

(4) (تَفَوْعُلٌ) – the extra letters are (ت) before the (ف) and a (و) after the (ف), e.g. (تَجَوْرُبٌ) – to don socks.

(5) (تَفَعْنُلٌ) – the extra letters are (ت) before the (ف) and a (ن) after the (ع), e.g. (تَقَلْنُسٌ) – to don a trouser.

(6) (تَمَفْعُلٌ) – the extra letters are a (ت) and a (م) before the (ف), e.g. (تَمَسْكُنْ) – to be poor.

(7) (تَفَعْلُتٌ) – the extra letters are a (ت) before the (ف) and a (ت) after the (ل), e.g. (تَعَفْرُتٌ) – to behave like a devil.

(8) (تَفَعْلٍ) – the extra letters are a (ت) before the (ف) and a (ي) after the (ل), e.g. (تَقَلْسٍ) – to don a hat.

The conjugation of these (أبواب) should be done like (قَلْسَى يُقَلْسِيْ), while the last one, namely, (تَفَعْلٍ) is like (تَسَرْبَلَ).

The second group, (ملحق بإفْعِنْلَالٌ) has two (أبواب):

(1) (إفْعِنْلَالٌ) – The second (ل), the (ن) after the (ع) and the (همزة

140

الوصل) are extra, e.g. (إِقْعَنْسَاسٌ) – to walk with the chest and neck protruding out.

تَصْرِيْفُهُ : إِقْعَنْسَسَ يَقْعَنْسِسُ إِقْعِنْسَاسًا فَهُوَ مُقْعَنْسِسٌ الأمر منه إِقْعَنْسِسْ والنهي عنه لاَ تَقْعَنْسِسْ

(2) (إِفْعِنْلَاءٌ) – The (ي) after the (ل), the (ن) after the (ع) and the (همزة الوصل) are extra, e.g. (إِسْلَنْقَاءٌ) – to lie on one's back.

تَصْرِيْفُهُ : إِسْلَنْقَى يَسْلَنْقِيْ إِسْلِنْقَاءً فَهُوَ مُسْلَنْقٍ الأمر منه إِسْلَنْقِ والنهي عنه لاَ تَسْلَنْقِ

The (مصدر) of this (باب) – (إِسْلِنْقَاءٌ) was originally (إِسْلِنْقَايٌ). The (ي) was changed to a (همزة).

The third group - (ملحق بإِفْعِلَّالٍ) has one (باب):

(إِفْوِعْلَالٌ) – The (و) after the (ف) and one (ل) is extra, e.g. (إِكْوِهْدَادٌ) – to strive.

تَصْرِيْفُهُ : إِكْوَهَدَّ يَكْوَهِدُّ إِكْوِهْدَادًا فَهُوَ مُكْوَهِدٌّ الأمر منه إِكْوَهِدَّ إِكْوَهِدِّ إِكْوَهْدِدْ والنهي عنه لاَ تَكْوَهِدَّ لاَ تَكْوَهِدِّ لاَ تَكْوَهْدِدْ

From the Treasures of Arabic Morphology

In all the word-forms of this (باب), (إدغام) has been applied and the changes are similar to those of (إقْشَعَرَّ).

Exercise 36

What is the word-form (صيغة) of the following words and which (باب) are they from:

(1) مُتَسَرْبِلُوْنَ

(2) لاَ تَكْوَهْدِدْنَ

(3) تَتَشَرْيَفُ

(4) تُجَوْرِبْنَ

(5) نَتَشَيْطَنُ

(6) أَسْلَنْقِيْ

(7) إِقْعَنْسِسِيْ

(8) تَعَفْرَتْنَ

(9) تَقَلْسَوْا

(10) تَشَيْطَنَتْ

From the Treasures of Arabic Morphology

The Seven Categories

With regards to the letters of verbs, they fall into seven categories, namely:

صحيح ، مثال ، أجوف ، ناقص ، مهموز ، مضاعف ، لفيف

Definitions

Term	Meaning	Example
صحيح	A word whose root letters do not have a (همزة), (حرف العلة)[13], or two letters of the same type	نَصَرَ
مثال	A word having a (حرف العلة) in the (فاء الكلمة)	وَعَدَ
أجوف	A word having a (حرف العلة) in the (عين الكلمة)	قَالَ
ناقص	A word having a (حرف العلة) in the (لام الكلمة)	دَعَا
مهموز	A word having a (همزة) as a root letter – a hamzated verb	أَمَرَ
مضاعف	A word having, as its root letters, two letters of the same type	مَدَّ
لفيف	A word having two (حروف العلة) as the root letters	وَقَي

---

[13] The (حروف علة) are (و), (الف) and (ي).

From the Treasures of Arabic Morphology

1) The term (مُعتَــل) refers to any verb that contains a (حرف العلة).

2) If there is a (حرف العلــة) in the (فــاء الكلمــة), it is called (مثال), eg (وَعَدَ) or (مُعْتَلُّ الْفَاِ).

3) If there is a (حرف العلــة) in the (عــين الكلمــة), it is called (أجوف), e.g. (قَالَ) or (مُعْتَلُّ الْعَيْن).

4) If there is a (حــرف العلــة) in the (لام الكلمــة), it is called (ناقص), e.g. (دَعَا) or (مُعْتَلُّ اللَّام).

5) If the (فــاء الكلمــة) has a (و), it is called (مثــال واوي) eg (وَعَدَ).

6) If the (فاء الكلمــة) has a (ي), it is called (مثــال يــائي). eg (يَسَرَ).

7) If the (عــين الكلمــة) has a (و), it is called (أجــوف واوي) eg (قَالَ).

8) If the (عين الكلمــة) has a (ي), it is called (أجــوف يــائي) eg (بَاعَ).

9) If the (لام الكلمــة) has a (و), it is called (نــاقص واوي) eg

From the Treasures of Arabic Morphology

.(دَعَا)

10) If the (لام الكلمة) has a (ي), it is called (ناقص يائي) eg (رَمَي).

11) If the (فاء الكلمة) has a (همزة), it is called (مهموز الفاء) eg (أَمَرَ).

12) If the (عين الكلمة) has a (همزة), it is called (مهموز العين) eg (سَأَلَ).

13) If the (لام الكلمة) has a (همزة), it is called (مهموز اللام) eg (قَرَأَ).

14) (لفيف) is of two types: (لفيف مفروق) and (لفيف مقرون).

15) (لفيف مفروق) is when the two (حرف العلة) are separate, e.g. (وَقَي).

16) (لفيف مقرون) is when the two (حرف العلة) are adjacent to one another, e.g. (طَوَي).

17) If the (عين الكلمة) and (لام الكلمة) are the same, it is called (مضاعف ثلاثي) e.g. (مَدَّ).

From the Treasures of Arabic Morphology

18) If the (ف) and the first (ل) and the (ع) and the second (ل) are the same letters, it is called (مضـــاعف ربـــاعي) e.g. (زَلْزَلَ).

Exercise 37

Classify the following verbs according to the seven categories:

(1) يَجُوْعُ
(2) وَلِيَ
(3) فَرَّ
(4) دَمْدَمَ
(5) طَوَي
(6) يَدِيْنُ
(7) أَخَذَ
(8) وَرِمَ
(9) يَمُنَ
(10) سَئِمَ

From the Treasures of Arabic Morphology

The Rules of (مهموز)

Rule 1:

It is permissible to change a (همزة), that is alone and (ساكن) to correspond to the previous (حركة).

That is,

(a) after a (فتحه), change the (همزة) into an (الف).

Example

(رَأْسٌ) (head) becomes (رَاسٌ).

(b) after a (ضمة), change the (همزة) into a (و).

Example

بُؤْسٌ (destitute) becomes (بُوْسٌ).

(c) after a (كسرة), change the (همزة) into a (ي).

Example

ذِئْبٌ (wolf) becomes (ذِيْبٌ).

Rule 2

If a hamzah mutaharrik (همزة متحركة) appears before a (همزة) that is (ساكن), it becomes necessary to change the (ساكن) letter to the corresponding (حرف العلة).

Examples

آمَنَ becomes أَأْمَنَ

أُومِنَ becomes أُأْمِنَ

اِيْمَانًا becomes اِأْمَانًا .

Rule 3

(3.1) It is permissible to change a (همزة) that is (مفتوح) and is preceded by a (ضمة) to a (و).

Example

جُوَنٌ becomes جُؤَنٌ

جُؤَنٌ is the plural of جُؤْنَةٌ which means a perfume holder.

(3.2) It is permissible to change a (همزة) that is (مفتوح) and is preceded by a (كسرة) into a (ي).

Example

مِيَرٌ becomes مِئَرٌ .

Rule 4

(4.1) If two (همزة)'s are (متحرك) and one of them is (مكسور), then it is permissible to change the second (همزة) into a (ي).

Example

From the Treasures of Arabic Morphology

اَاِمَّةٌ can also be read as اَيِمَّةٌ.

If there are two (هَمْزة)'s which are (متحرك) and none of them are (مكسور), then it is necessary to change the second (هَمْزة) into a (و).

Examples

i) أَأادمُ will be read as أَوَادمُ
ii) أَأَمِّلُ will be read as أُوَمِّلُ

(جَاءَ) originally was (جَايِئٌ) (جَايِئٌ) اسم فاعل of (جَاءَ). The (ي) which comes after (الــف زائــد) will change into a (هَمْزة). It becomes (جَائِئٌ). Now there are two (هَمْزة) (متحرك) and one of them is (مكسور). The second (هَمْزة) changes into a (ي) becoming (جَائِيٌ) (according to the rule of اَاِمَّةٌ - rule 4.1). (جَائِيٌ) can also be written as جَائِيُنْ. The (ضمة) on the (ي) is ثقيل (difficult to pronounce). Therefore it is removed and (جَائِيْنْ) remains. Now due to (إِجتمــاع ســاكنين) (the coming together of two [ســاكن] letters), the (ي ســاكن) is deleted.

We are left with جَائِـنْ which can also be read as جَاءٍ.

Step by Step

(جَاءِ يُنْ) (جَائِئٌ) ⟶ جَائِئٌ ⟶ جَايِــئٌ

⟶ (جَاءٍ) جَا ئِنْ ⟶ (جَاءِ يْنْ)

❊ ❊ ❊ ❊ ❊

Rule 5

If a (هَمْزة) comes after the (و) or (ي) that are مَـدة and زائدة or if a (هَمْزة) comes after the (ي) of (اسـم تصـغير), it is permissible to change the (هَمْزة) into the letter that precedes it and then (إدغـام) (incorporation of one letter into another) is made.

Example of (و) مدة زائدة

مُقْرُوَءَةٌ ⟶ مُقْرُوْوَةٌ ⟶ مُقْرُوْئَةٌ

The word (مُقْرُوْئَةٌ) is the (اسم مفعول) of (قَرَأَ يَقْرَأُ).

Example مدة زائدة (ي)

خَطِيَّةٌ ⟶ خَطِيْيَةٌ ⟶ خَطِيْئَةٌ.

Example of اسم تصغير

أُفَيِّسٌ ⟵ أُفَيْيِسٌ ⟵ أُفَيْئِسٌ .

The word (أُفَيْئِسٌ) is the (اسم تصغير) of (أَفْؤُسٌ) which is the (جمع) of (فَأْسٌ) - meaning axe.

※ ※ ※ ※ ※

Rule 6

If there occurs a (همزة) after the (الف) of مفاعل and before a (ى), the (همزة) changes to (يا مفتوحة) and the (ي) changes to (الف).

Example

The word (خَطَايَا) is the plural of (خَطِيْئَةٌ).

The word (خَطَايَا) was originally (خَطَايِئٌ). The (ي) which comes after the (الف) of (جمع) as the second last letter, changes into a (همزة).[14] It becomes (خَطَاءِءٌ). Now we have two (همزة متحرك)'s and one of them is (مكسور). The rule of (أَيِمَّةٌ) applies, whereby the second (همزة) changes into a (ي) and becomes خَطَائِيٌ. Now there is a

---

[14] This refers to rule no. 18 which you will read under the rules of معتل .

(هَمْزة) after the (الف) of مفاعل and it is before a (ي). It changes to (يـا مفتوحـة) and the (ي) changes to (الف). The word becomes (خَطَايَا).

NOTE: This law is compulsory (وجوبًا).

Step by Step

خَطَايَا ← خَطَائِيٌ ← خَطَاءٌ ← خَطَائِئٌ

Rule 7

If a (هَمْزة) is (متحرك) and it comes after a (ساكن) that is not a (مده زائده) nor is it (ي تصغير), then the (حركة) of the (هَمْزة) is given to the letter preceding it.

This law is permissible (جوازًا).

Examples

1) In the word (يَسْـأَلُ), the (حركة) of the (هَمْزة) is given to the (س) and the (هَمْزة) is then deleted. It becomes (يَسَلُ).

2) In the words قَدْ أَفْلَحَ the (حركة) of the (هَمْزة) is given to the (د) and the (هَمْزة) is then deleted. It becomes

.(قَدْ فْلَحَ)

3) In the words أَخَاهُ يَرْمِيْ the (حركة) of the (همزة) is transferred to the (ي) and the (همزة) is then deleted. It becomes (يَرْمِيَ خَاهُ).

※ ※ ※ ※ ※

Rule 8

The rule of (يَسْئَلُ) is compulsorily applied to all the المضارع المعروف (verbs) of (يَرَى) and (يُرَى) (أفعال) (ومجهول).

Example

In (يَرْأَيُ) the (فتحة) of the (همزة) is given to the (ر) and the (همزة) is deleted. It becomes (يَرَى).

NOTE:

It is permissible to apply this rule to the (اسماء مشتقات) (derived nouns) too.

The (مصدر ميمى) can be read as (مَرْأَيً) or (مَرَيً).

The (اسم آلة) can be read as (مِرْآةٌ) or (مِرَاةٌ).

The (فتحة) of the (همزة) of (مِرْأَاةٌ) is given to the (ر) and then the (هَمزة) is removed leaving (مَرَاةٌ).

The (اسم مفعول) can be read as (مَرْئِيٌّ) or (مَرِيٌّ).

🙢 🙢 🙢 🙢 🙢

Rule 9

If a (هَمزة متحرك) is preceded by a (متحرك) letter, then both (بين بين بعيد) and (بين بين قريب) are both permissible.

9.1 (بين بين قريب) is to read the (هَمزة) between its (مخرج) and the (مخرج) of the (حرف العلة) corresponding to its (hamza's) حركة.

9.2 (بين بين بعيد) is to read a letter between its (مخرج) and the (مخرج) of the (حرف العلة) corresponding to the preceding (حركة).

تسهيل is also known as (بين بين).

Examples

When (بين بين) is made on the word (سَأَلَ), then in both (هَمزة) and (بعيد) the (مخرج) will be that of (بين بين قريب) and (الف).

In the word (سَئِمَ) if (بين بين قريب) is made, then the

(مخرج) will be between (همزة) and (ي). If (بــين بعيــد) is made, then the (مخرج) will be between (همزة) and (الف).

In the word (لَؤُمَ) if (بين بين قريب) is made, then the (مخرج) will be between (همزة) and (و). If (بــين بعيــد) is made then the (مخرج) will be between (همزة) and (الف).

(9.3) If there is a (همــزة متحركــة) after (الــف), it is permissible to apply (بين بين قريب) only. (بــين بعيــد) is not permissible in this case.

Examples

[1] In the word (قُرَّاءَ), the (همزة) is (مفتوح). Therefore the (همزة) will be read between the (مخرج) of the (همزة) and the (الف).

[2] If (قُرَّاءُ) is read with a (ضمة), the (همزة) will be read between the (مخرج) of the (همزة) and (واو).

[3] If (قُرَّاءِ) is read with a (كسرة), the (همزة) will be read between the (مخرج) of the (همزة) and (ي).

Rule 10

If a (همزة إستفهام) comes before a (همزة) as in the word (أَأَنْتُمْ), then it is permissible to apply the rule of (أَوَادِمُ) (Rule 4). Thus, (أَأَنْتُمْ) will be read as (أَوَنْتُمْ).

It is also permissible to make (تســهيل), whether (قريـــب) or (بعيد).

It is also permissible to bring an (الف) between the two (همزة)'s and read it as (آاَنْتُمْ).

※ ※ ※ ※ ※

Exercise 38

(1) Apply rule no.1 to the following words:

(1) لاَبَأْسَ (2) فَئْرٌ (3) سُؤْرٌ

(2) Which rule applies to the word (آخِذٌ) and how?

(3) Analyse the changes to the word (شَاءٍ).

(4) Apply the rule of (مهموز) to the word (مَنْبُوْئَةٌ).

(5) What can (أَأَنْتَ) also be read as?

156

The Orthography[15] of the Hamzah

The following rules are general guidelines with regards to how a hamzah is written:

(a) Hamzah is invariably written over or under an alif at the beginning of a word, e.g. (أُمِرَ), (أَمَرَ) and (إِنْسَانٌ).

(b) When the initial hamzah is followed by an alif of prolongation (long vowel الـــف), the latter is replaced by a madd over the initial alif, e.g. (آمِرٌ) for (أَامِرٌ).

(c) The hamzah tends to be written over the semi-consonant (حـــرف العلـــة) corresponding to the vowel (حركة) of the preceding letter.

Examples:
(خَطِئْتُ), (بَطُؤَ), (يُؤْمَرُ), (يَأْمُرُ)

(d) Where the previous consonant has a (ســكون), the hamzah tends to be written over the semi-consonant (حرف العلة) coinciding with its own vowel (حركة).

Examples:
(شَأْمَ), (أَسْئِلَةٌ), (مَسْؤُوْلٌ)

This rule is applied for (الفعـــل الماضــي) instead of (c) above. Thus, (بَــؤُسَ) is written with a (و) and (سَــئِمَ) with a (ى) without dots.

---

[15] the correct spelling

From the Treasures of Arabic Morphology

The Paradigms of (مهموز)

مهموز الفاء من باب نَصَرَ ــ الْأَخْذُ

أَخَذَ يَأْخُذُ أَخْذًا فَهُوَ آخِذٌ وَأُخِذَ يُؤْخَذُ أَخْـذًا فَهُـوَ مَـأْخُوذُ
اَلْأَمْرُ مِنْهُ خُذْ وَالنَّهْيُ عَنْهُ لاَ تَأْخُذْ الظَّرْفُ مِنْـهُ مَأْخَـذٌ مَأْخَـذَانِ
مَآخِذُ وَالْآلَةُ مِنْهُ مِيْخَذٌ مِيْخَـذَانِ مَآخِـذُ وَ مِيْخَـذَةٌ مِيْخَـذَتَانِ
مَآخِذُ وَ مِيْخَاذٌ مِيْخَاذَانِ مَآخِيْذُ وَأَفْعَـلُ التَّفْضِـيْلِ مِنْـهُ آخَـذُ
آخَذَانِ آخَذُوْنَ وَأَوَاخِذُ وَالْمُؤَنَّثُ مِنْهُ أُخْذَي أُخْـذَيَانِ أُخَـذٌ وَ
أُخْذَيَاتٌ

Analysis of the changes

(1) The (أَمــر) of this (بــاب) is (خُــذْ) which is an exception from the normal method of constructing the (أَمــر). (خُــذْ) was originally (أُوْخُذْ).

(2) Similarly, the (أَمــر) of (أَكَـلَ يَأْكُـلُ) is (كُــلْ). It is necessary to delete the (همزة) from both (خُذْ) and (كُلْ).

(3) In the verb, (أَمَـرَ يَـأْمُرُ), it is permissible to delete the hamzas and to retain them. Therefore, both (مُــرْ) and (أُوْمُــرْ) are correct to use. If the verb is used at the beginning of the sentence, it is more eloquent to delete the

(هَمزة), e.g. it is stated in a hadîth, (مُرُوْا أَوْلَادَكُمْ بِالصَّلَاةِ).

(4) If the verb is used in the middle of the sentence, then most often the hamzah is retained, e.g. The Qur'ânic verse, (وَأْمُرْ أَهْلَكَ بِالصَّلَاةِ).

(5) In the word-forms of (المضارع المعروف) of this (بـاب), besides the singular first person (واحــد مــتكلم), the rule of (رَأْسٌ) has been applied. The same rule applies to the (اسم المفعول) and (اسم الظرف).

(6) The rule of (بِئْرٌ) applies in the (اسم الآلة).

(7) The rule of (بُـؤْسٌ) applies in the (المضــارع المجهــول) except for the singular first person (واحد متكلم).

(8) In the singular first person (واحــد مــتكلم) of (المضــارع المعروف) and the (اسم التفضيل), the rule of (آمن) applies.

(9) In the plural (جمــع) of (اســم التفضــيل), the rule of (أَوَادِمُ) applies.

(10) In the singular first person of the (المضــارع المجهــول), the rule of (أُوْمِنَ) applies.

Exercise 39

(a) Conjugate the following verbs:

(1) أَكَلَ

(2) أَمَرَ

(b) What is the paradigm of the (مضارع مجهول) of (أَدَبَ)؟

(c) What is the paradigm of the (أمر معروف) of (أَمَرَ)؟

(d) What is the paradigm of the (الماضي المعروف) of (أَكَلَ)؟

(e) How has the word (أَوَاسِرُ) changed from its original?

مهموز الفاء من باب ضَرَبَ ــ الْأَسْرُ

أَسَرَ يَأْسِرُ أَسْرًا فَهُوَ آسِرٌ وَأَسَرَ يُؤْسَرُ أَسْرًا فَهُوَ مَأْسُورٌ اَلْأَمْرُ مِنْهُ إِيْسِرْ وَالنَّهْيُ عَنْهُ لَا تَأْسِرْ الظَّرْفُ مِنْهُ مَأْسِرٌ مَأْسِرَانِ مَآسِرُ وَالْآلَةُ مِنْهُ مِيْسَرٌ مِيْسَرَانِ مَآسِرُ مِيْسَرَةٌ مِيْسَرَتَانِ مَآسِرُ مِيْسَارٌ مِيْسَارَانِ مَآسِيْرُ وَأَفْعَلُ التَّفْضِيْلِ مِنْهُ آسَرُ آسَرَانِ آسَرُوْنَ وَأَوَاسِرُ وَالْمُؤَنَّثُ مِنْهُ أُسْرَي أُسْرَيَانِ وَ أُسَرٌ وَ أُسْرَيَاتٌ

From the Treasures of Arabic Morphology

Analysis of the changes

(1) The changes of this (بــاب) are similar to those of (أخــذ - يأخــذ) except for the imperative (إيْسِـرْ) - (أمـر) - where the rule of (إيْمَان) applies.

(2) The other (أبــواب) of (ثلاثــي مجـرد) follow the same pattern.

Exercise 40

Conjugate the following verbs:

(1) أَثَرَ

(2) أَمِنَ

(b) What is the paradigm of the (معــروف مضــارع) of (أَمِنَ)?

(c) What is the paradigm of the (أمر مجهول) of (أَلَهَ)?

(d) What is the paradigm of the (الماضي المجهول) of (أَمِنَ)?

(e) How has the word (إيْسِرُوْا) changed from its original?

From the Treasures of Arabic Morphology

مهموز الفاء من باب إفتعال — اَلْإِيْتِمَارُ

إِيْتَمَرَ يَأْتَمِرُ إِيْتِمَارًا فَهُوَ مُؤْتَمِرٌ وَأُوْتُمِرَ إِيْتِمَارًا يُؤْتَمَرُ إِيْتِمَارًا فَهُوَ مُؤْتَمَرٌ اَلْأَمْرُ مِنْهُ إِيْتَمِرْ وَالنَّهْيُ عَنْهُ لَا تَأْتَمِرْ الظَّرْفُ مِنْهُ مُؤْتَمَرٌ

Analysis of the changes

(1) The rule of (إِيْمَـانٌ) applies in the (الماضي المعـروف), (مصدر) and (أمر معروف).

(2) The rule of (أُوْمِنَ) applies in the (الماضي المجهول).

(3) The rule of (رَأْسٌ) applies in the (المضارع المعروف).

(4) The rule of (بُؤْسٌ) applies in the (المضارع المجهـول), (اسم الفاعل), (اسم المفعول) and (اسم الظرف).

مهموز الفاء من باب إستفعال — اَلْإِسْتِيْذَانُ

إِسْتَأْذَنَ يَسْتَأْذِنُ إِسْتِئْذَانًا فَهُوَ مُسْتَأْذِنٌ وَأُسْتُؤْذِنَ يُسْتَأْذَنُ إِسْتِئْذَانًا فَهُوَ مُسْتَأْذَنٌ اَلْأَمْرُ مِنْهُ إِسْتَأْذِنْ وَالنَّهْيُ عَنْهُ لَا تَسْتَأْذِنْ الظَّرْفُ مِنْهُ مُسْتَأْذَنٌ

Analysis of the changes

(1) Conjugate all the verbs of (أبواب ثلاثـي مزيـد فيـه) like the conjugations of (أَخَذَ) and (إِيْتَمَرَ).

From the Treasures of Arabic Morphology

Exercise 41

Conjugate the following verbs:

(1) إِسْتَأْنَفَ

(2) إِئْتَمَنَ

(3) إِنْأَطَرَ

(b) What is the paradigm of the (معــروف مضـــارع) of (أَمِنَ)؟

(c) What is the paradigm of the (أمر مجهول) of (أَلَهَ)؟

(d) What is the paradigm of the (الماضي المجهول) of (أَمِنَ)؟

(e) How has the word (إِيْسِرُوْا) changed from its original?

Discussion of (مهموز العين)

(1) The rule of (بــين بــين) or (تســهيل) applies to all the verbs of (الماضي) of (مهموز العــين ثلاثــي مجــرد). Note that this rule is optional.

(2) The rule of (يَسْــئَلُ) applies to the (مضــارع) and (أمــر) of (مهموز العين ثلاثي مجرد).

(3) (سَــأَلَ يَسْــئَلُ), (بـــاب ضـــرب) is from (زَأَرَ يَزْئِرُ) is from

(باب فتح) is from (لَـؤُمَ يَلْـؤُمُ), (باب سمع) is from (سَئِمَ يَسْئَمُ) is from
(باب كرم).

(4) In the imperative (أمـــر), after applying the rule of
(همـزة الوصــل) is deleted. Therefore (إزْئِــرْ)
becomes (زِرْ), (إسْــئَلْ) becomes (سَــلْ), (أسْــئَمْ) becomes
(سَمْ) and (ألْئُمْ) becomes (لُمْ).

The conjugation of the imperative second person (أمـــر
حاضر معروف) form is as follows:

زِرْ	زِرَا	زِرُوْا	زِرِيْ	زِرَا	زِرْنَ
سَلْ	سَلَا	سَلُوْا	سَلِيْ	سَلَا	سَلْنَ
سَمْ	سَمَا	سَمُوْا	سَمِيْ	سَمَا	سَمْنَ
لُمْ	لُمَا	لُمُوْا	لُمِيْ	لُمَا	لُمْنَ

Discussion of (مهموز اللام)

(1) In most of the word-forms of (مهمــوز الــلام), the rule of
(تسهيل) or (بين بين) applies, e.g. (قَرَأَ يَقْرَأُ).

(2) The rule of (مُيَرّ) applies to (واحــد الماضــي المجهــول), e.g.

From the Treasures of Arabic Morphology

(قَرُءَ).

(3) The rule of (هَمْزة منفـردة سـاكنة), that is the rule of (مُضـارع) (رَأْسٌ) applies to all the word-forms of (أَمــر) and (مجزوم). Accordingly, in the words (إِقْـرَأْ) and (لَــمْ يَقْـرَأْ), the hamzah can become (الــف), in the words (أُرْدُءْ) and (لَــمْ يَــرْدُءْ), the hamzah can become (و) and in the words (أَنْبِــئْ) and (لَمْ يَنْبِئْ), the hamzah can become (ي).

Exercise 42

Conjugate the following verbs:

(1) هَنَأَ يَهْنُأُ   (6) تَأَهَّلَ
(2) رَأَسَ يَرْإِسُ   (7) تَخَاطَأَ
(3) أَمَّنَ   (8) إِنْكَفَأَ
(4) آخَذَ   (9) إِبْتَدَأَ
(5) أَبْأَسَ   (10) إِسْتَأْنَفَ

The Rules Of (معتل)

Rule 1

(1.1) The (و) which appears between (علامات المضارع)[16] which is (مكسور), and the (عين الكلمة) which is (مفتوح) falls off.

Example

The word يَوْعِدُ becomes يَعِدُ.

Every (و) that comes between the

(علامات مضارع مفتوح) and the (ع كلمة) which is

(مفتوح), the (و) falls off, on condition that either the

(ل كلمة) or the (ع كلمة) is from the (حروف حلقي)[17].

Example

The word يَوْهَبُ becomes يَهَبُ.

Note:

Every (مثال واوى) on the scale of (ضرب) follows this rule.

❊ ❊ ❊ ❊ ❊

---

[16] علامات مضارع are the following letters ن ي ت الف

[17] The حروف حلقى are the following letters: ء ه ع ح غ خ

Rule 2

If a (مصدر) is on the scale of (فِعْلٌ) and its (فاء الكلمة) is a (و), that (و) is deleted and the (ع كلمة) is given a (كسرة). A (ة) is then added at the end of the word.

Step by Step Example

عِدَةٌ ⟵ عِدٌ ⟵ عْدٌ ⟵ وَعْدٌ

Note:

If the (مضارع) has a (فتحة) on its (ع كلمة), for example in the word (يَسَعُ), the (فاء الكلمة) of the (مصدر) can also be given a (فتحة).

Step by Step Example

The word (سَعَةٌ) the (مصدر) of (وَسِعَ يَسَعُ).

سَعَةٌ ⟵ سَعٌ ⟵ سْعٌ ⟵ وِسْعٌ

Note:

It is also permissible to read (سَعَةٌ) as (سِعَةٌ).

Rule 3

(3.1) If a (و ساكن) is not (مشدّد) and is preceded by a (كسرة), it changes into a (ي).

Example

The word مُوْعَادٌ changes to مِيْعَادٌ.

Exception

The word (إجْلِــوَّازٌ) will remain unchanged, because the (و) is (مدغم) (مشدّد).

(3.2) If (ي ســاكن) is not (مــدغم) and it is preceded by a (ضمة), the (ي) changes into a (و).

Example

The word (مُيْسِرٌ) changes to (مُوْسِرٌ).

Exceptions

The word (مُيِّزٌ) remains unchanged because the (ي) is (مدغم).

(3.3) If an (الــف) is preceded by a (ضـمة), it will change into a (و).

Step by Step Example

قَائَلَ ← قَاتِلَ ← قُوْتِلَ

(3.4) If an (الـــف) is preceded by a (كســرة), it will change into a (ي).

Example

The plural of (مِحْرَابٌ) is (مَحَارَابُ). This changes to (مَحَارِيْبُ) because the (الف) is preceded by a (كسرة).

🎋 🎋 🎋 🎋 🎋

Rule 4

If the (فاء الكلمة) of (باب افتعال) is a (و أصلى) or (ي أصلى), the (و) or (ي) will change into a (ت) and (ادغـــام) will be made, that is, both the (ت)'s will be assimilated.

Step by Step Example of (مثال واوي)

اِوْتَقَدَ ← اِنْــتَقَدَ ← اِتَّــقَدَ

Step by Step Example of (مثال يائي)

اِيْــتَسَرَ ← اِتْــتَسَرَ ← اِتَّسَرَ

Rule 5

(5.1) If at the beginning of a word there is a (و مضـــموم), it is permissible to change it into a (همزة).

Examples

(وَجْــهٌ) – plural of (وُجُــوْهٌ) changes to (أُجُــوْهٌ). (This is an example of an اسم).

(تَوقِيتٌ) of [الماضي المجهول] the – (وُقِّــتَتْ) changes to (أُقِّــتَتْ). (This is an example of a فعل).

(5.2) If (و مكســور) appears at the beginning of a word, it is permissible to change it to a (همزة).

Example

(وِشَاحٌ – swordbelt) can be read as (إِشَاحٌ).

(5.3) If a (و مرفــوع) appears in the middle of a word, it is permissible to change it into a (همزة).

Example

(اَدْوُرٌ) can be read as (اَدْؤُرٌ).

Rarely is a (و مفتوح) changed into a (همزة).

Examples

(وَحَدٌ - one) can be read as (أَحَدٌ).

(وَنَاةٌ – a lazy woman) can be read as (أَنَاةٌ).

Rule 6

When two (واؤ متحرك) come together at the beginning of a word, it is compulsory (واجـــب) to change the first (و) into a (همزة).

Example

(وَوَاصِلٌ) is read as (أَوَاصِلُ) (This is the plural of وَاصِلَةٌ).

(وُوَيْصِلٌ) is read as (أُوَيْصِــلٌ). This is the (إســم تصغــير) of (وَاصِلٌ).

Rule 7

(7.1) If (و) or (ي) (متحــرك) is preceded by a فتحــة, the (و) or (ي) is changed into an (الف).

From the Treasures of Arabic Morphology

Examples

Example of a (و متحرك) in the middle of a (فعل):
(قَوَلَ) changes to (قَالَ).

Example of a (ي متحرك) in the middle of a (فعل):
(بَيَعَ) changes to (بَاعَ).

Example of a (و متحرك) at the end of a (فعل):
(دَعَوَ) changes to (دَعَا).

Example of a (ي متحرك) at the end of a (فعل):
(رَمَيَ) changes to (رَمَى).

Example of a (و متحرك) in an (اسم):
(بَوَبٌ) changes to (بَابٌ).

Example of a (ي متحرك) in an (اسم):
(نَيَبٌ) changes to (نَابٌ).

Conditions for the above rule

This rule only applies if the following conditions are met:

[1] The (و) or (ي متحرك) must not be in the place of the (فـاء الكلمــة). Therefore this rule will not apply to the word

فَوَعَدَ - the (و) is in the place of the (فاء الكلمة) and the (تَوَفَّى) is a (حرف عطف). It will also not apply to (ف) because the (و) is in the place of the (فاء الكلمة) of (باب تفعُّل).

It will also not apply to تَيَسَّرَ - (ي) is in the place of the (فاء الكلمة) of (باب تفعُّل).

[2] The (و) or (ي) must not be in place of the (ع كلمة) of a word which is (لفيف). (لفيف) is that word which has two (حرف العلة). Therefore this law will not apply to the word (طَوَى). Here (و) is in the place of the (ع كلمة). The law will also not apply in the word (حَيِيَ). Here (ي) is in the place of the (ع كلمة).

[3] The (و) or (ي) must not come before the (الف) of (تثنية). Therefore this law will not apply to the word (دَعَوَا), since there is a (و) before the (الف) of (تثنية) and in the word (رَمَيَا), since there is a (ي) before the (الف) of (تثنية).

From the Treasures of Arabic Morphology

[4] The (و) or (ي) must not come before a (مـدّه زائـده). Therefore this law will not apply to the word (طَوِيْـلٌ) because the (و) is before a (ي) which is not a (حـرف أصـلي). It will also not apply in the word (غَيُـوْرٌ) because the (و) after the (ي) is not a (حـرف اصـلي). Also in the word (غَيَابَـةٌ), the (ي) is before an (الـف) which is not a (حرف اصلي).

Objection

In the words (تَخْشَـيْنَ), (يَخْشَـوْنَ), (تَخْشَـوْنَ) and (دَعَوْا), the (و) and (ي) were not supposed to be changed to (الـف) because they came before a (مـدّه زائـده), but yet this rule has been applied.

Answer

The (ي) in these words is a separate word and it is the (فاعل) of the (فعـل), while the (مـده) is not (زائـد), therefore the (و) or (ي) changes to (الف) and then falls off due to (إجتماع ساكنين).

Step by Step Examples

دَعَوْا ← دَعَاوْا ← (فَعَلُوْا) دَعَوُوْا

يَخْشَوْنَ ← يَخْشَاوْنَ ← (يَفْعَلُوْنَ) يَخْشَيُوْنَ

تَخْشَوْنَ ← تَخْشَاوْنَ ← (تَفْعَلُوْنَ) تَخْشَيُوْنَ

تَخْشَيْنَ ← تَخْشَايْنَ ← (تَفْعَلِيْنَ) تَخْشَيِيْنَ

[5] The (ومتحـرك) or (ي متحـرك) must not be before (ي مشـدّد), for example, the word (عَلَـوِيٌّ). The (ي) or (ومتحـرك) must also not be before (ن تاكيــد), for example, the word
(إخْشَيِنَّ).

[6] The word must not have the meaning of a colour or defect, for example,

(عَوِرَ) (to be one-eyed),

(صَيِدَ) (to have a crooked neck).

[7] The word must not be on the scale of (فَعَلَـى), (فَعَلَـانٌ) or (فَعَلَةٌ), for example

(فَعَلَانٌ) – example of (و). [meaning – rotation] – (دَوَرَانٌ)

From the Treasures of Arabic Morphology

(سَيَلَانٌ) - (فَعَلَانٌ) example of (ي). [meaning – flowing]

(صَوَرَى) - (فَعَلَى) example of (و). [meaning – name of a spring of water]

(حَيَدَى) - (فَعَلَى) example of (ي). [meaning – to walk arrogantly – from حاد يحيد]

and (حَوَكَةٌ) - (فَعَلَةٌ) example of (و). [meaning – weaver – plural of حَائِكٌ]

[8] The word must not be from (باب إفتعال) having the meaning of (باب تفاعل). For example, the word إجْتَوَرَ (in the meaning of تَجَاوَرَ) and إعْتَوَرَ (in the meaning of تَعَاوَرَ). Both words mean to take in turns.

(7.2) If after such an (الف) (which has been changed from a و or ي), there is a (ساكن) letter, the (الف) falls off.

Examples

[1] In the word (دَعَوُوْا), the first (و) changes to (الف). It becomes (دَعَاوْا). Here (الف) has come before a (و ساكن). The (الف) falls off and it becomes (دَعَوْا).

[2] In the word (تَرْضَيِيْنَ), the first (ي) changes to an (الــف). Due to the (الــف) coming before a (ســاكن), it is deleted. It becomes (تَرْضَيْنَ).

(7.3) If such an (الــف) has come before a (ت تانيــث) of (فعــل ماضــى), even if the (ت) is (متحــرك), the (الــف) is deleted.

Examples

1. The word (دَعَــوَتْ) changes to (دَعَــاتْ). Now we have an (الــف) before (ت تانيــث) of (فعــل ماضــى). Therefore it is deleted. It becomes (دَعَتْ).

2. The word (دَعَوَتَا) changes to (دَعَاتَا). There is a (تــا تانيــث) (متحــرك) after the (الــف). Therefore the (الــف) is deleted. It becomes دَعَتَا.

(7.4) In the (صيغة) of (الماضي المعروف), from (جمــع مؤنــث) (غائــب) until the end, if the word is (اجــوف واوي), whether the (عين الكلمــة) has a (ضــمة) or (فتحــة), after deleting the (الف), the (فاء الكلمة) is given a (ضمة).

From the Treasures of Arabic Morphology

Example in which (كلمة ع) has a (فتحة)

(قَـوَلْنَ) changes to (قَـالْنَ). The (الـف) is now deleted because it is followed by a (سـاكن). It becomes (قَلْنَ). The (ق) is now given a (ضـمة) because it is (اجــوف واوي). It becomes (قُلْنَ). The word (قُلْنَ) is from the (باب) of (نصر).

Example in which (كلمة ع) has a (ضمة)

طُلْنَ ← طَلْنَ ← طَالْنَ ← طَوُلْنَ

The word (طُلْنَ) is from the (باب) of (كرُم).

(7.5) In the (الماضـي المعـروف صــيغة), from (جمــع مؤنــث) اجــوف) till the end, after deleting the (الـف), if it is (غائـب) اجــوف) or there is a (كسـرة) on the (ع كلمــة) in (يــائي) (واوي), the (فاء الكلمة) is given a (كسرة).

Example in which (ع كلمة) has a (كسرة)

In the word (بَــيَعْنَ), the (ي متحــرك) is preceded by a (فتحــة). Therefore the (ي) changes to (الـف). It becomes (بَــاعْنَ).

178

From the Treasures of Arabic Morphology

The (الف) is deleted. It becomes (بَعْنَ). Now the (ب) is given a (كسرة). It becomes (بِعْنَ).

Step by Step Example of (اجوف واوي) with (كسرة)

خِفْنَ ← خَفْنَ ← خَافْنَ ← خَوِفْنَ

The word (خِفْنَ) is from the (باب) of (سمع).

※ ※ ※ ※ ※

Rule 8

(8.1) If the letter before (و) or (ي) is (ساكن), the (حركة) of the (و) or (ي) is transferred to the preceding letter.

Example

[1] In the word (يَقْوُلُ), the (حركة) of the (و) which is a (ضمة) in this case, is given to the (ق). It becomes (يَقُوْلُ). (This is an example of أجوف واوي).

[2] In the word (يَبْيِعُ), the (كسرة) of the (ي) is given to the (ب). It becomes (يَبِيْعُ). (This is an example of أجوف يائي).

From the Treasures of Arabic Morphology

(یای).

(8.2) If the (حرکة) is a (فتحة), the (و) or (ي) is changed into an (الف).

Examples

[1] In the word (یُقْوَلُ), the (فتحة) of the (و) is given to the (ق). It becomes (یُقَوْلُ). Now due to the (فتحة), the (و) is changed into an (الف) becoming (یُقَالُ).

یُقَالُ ← یُقَوْلُ ← یُقْوَلُ

[2] In the word (یُبْیِعُ), the (فتحة) of the (ي) is given to the (ب) becoming (یُبَیْعُ). Now due to the (فتحة) of the (ب) the (ي) changes into an (الف), thus becoming (یُبَاعُ).

یُبَاعُ ← یُبَیْعُ ← یُبْیِعُ

Remember

The conditions applicable to Rule 7 apply to Rule 8 as well.

(8.3) If such a (و) or (ي) is followed by a (ساکن), in the

case of (ضمة) and (كسرة), the (و) or (ي) will be deleted.

Example of (أجوف واوی)

In the word (لَمْ يَقُوْلْ) because of (إجتماع ساكنين) the (و) is deleted. It becomes (لَمْ يَقُلْ).

Example of أجوف يائی

In the word (لَمْ يَبِيْعْ), the (ي) is followed by a (ساكن), therefore the (ي) is deleted. It becomes (لَمْ يَبِعْ).

(8.4) If a (و) or (ي) is followed by a (ساكن) and preceded by a (فتحة), the (الف) (which was originally و or ي) is deleted.

Examples

(لَمْ يُقْوَلْ) changes to (لَمْ يُقَالْ). After the (الف) is deleted, it becomes (لَمْ يُقَلْ).

(لَمْ يُيْيَعْ) changes to (لَمْ يُيَاعْ). After the (الف) is deleted, it becomes (لَمْ يُيَعْ).

Important

This rule (Rule 8) does not apply to the words (مَـنْ وَعَـدَ) because condition number one has not been fulfilled.

In the words (يَطْـوِى) and (يَحْيَـى), the rule is not applied because of condition number 2 - (عين لفيف).

The words (مِقْوَالٌ), (تِحْوَالٌ) and (تَمْيِـيْزٌ) remain unchanged because of the fourth condition - (قبل مده زائده).

However, the (و) of the (اسـم مفعـول) is an exception to condition number 4. Despite there being a (مـده زائـده), the (حركة) of the (و) or (ي) will still be given to the previous letter.

Example of (اجوف واوي)

In the word (مَقْوُوْلٌ) which is the (اسم مفعـول) of (قـال), the (ضـمة) of the (و) is still transferred to the (ق). It becomes (مَقُـوْوْلٌ). Due to (إجتمـاع سـاكنين), the first (و) is deleted. It becomes (مَقُوْلٌ).

Example of (أجوف يائی)

In the word (مَبْيُوْعٌ) which is the (اسم مفعول) of (بَاعَ), the (حركة) of the (ي) is transferred to the (ب). It becomes (مَبْيُوْعٌ). Due to (إجتماع ساكنين), the (و) is deleted and it becomes (مَبْيُعٌ). Since the corresponding (حركة) of (ي) is a (كسرة), the (ب) is given a (كسرة). It becomes (مَبِيْعٌ).

Exception

In the words يَعْوَرُ (to be one-eyed), يَصْيَدُ (to have a crooked neck), أَسْوَدُ (black), أَبْيَضُ (white) and مُسْوَدَّةٌ (black), due to condition number 6 (i.e. having the meaning of a colour or defect), no change occurs.

The aforementioned rule (Rule 8) does not apply to (إسم تفضيل), that is those words on the scale of (أَقْوَلُ); or (أَقْوِلْ بِهِ and مَا أَقْوَلَهُ), like (أفعال التعجب); and words that are (ملحق برباعی), like (جَهْوَرَ and شَرْيَفَ).

Rule 9

(9.1) If there is a (و) in the (كلمة ع) of (الماضي المجهول), the preceding letter is made (ساكن) and the (حركة) of the (و) is transferred to the preceding letter. Then the (و) changes to (ي).

Example 1

قِيْلَ ← قِوْلَ ← قُوِلَ

Example 2

أُنْقِيْدَ ← أُنْقِوْدَ ← أُنْقُوِدَ

(9.2) If there is a (ي) in (الماضي المجهول) in the place of the (كلمة ع), the preceding letter is made (ساكن) and the (حركة) of the (ي) is transferred to the preceding letter. No other changes are made.

Example 1

In the word (بُيِعَ) the (ب) is made (ساكن). It becomes (بْيِعَ). Now the (حركة) of the (ي) is transferred to the

(ب), thus becoming (بِيْعَ).

بُيِعَ ⟶ بِيْعَ ⟶ بِيْعَ

Example 2

In the word (أُخْتُيِرَ) the (ت) is made (ساكن). It becomes (أُخْتْيِرَ). The (حركة) of the (ي) is transferred to the (ت). It becomes (أُخْتِيْرَ).

أُخْتِيْرَ ⟶ أُخْتْيِرَ ⟶ أُخْتُيِرَ

(9.3) It is also permissable to retain the (حركة) of the preceding letter and to make the (و) or the (ي) (ساكن). In this case the (ي) changes to (و).

Examples

قُوْلَ ⟶ قُوِلَ

بُيْعَ ⟶ بُيْعَ ⟶ بُوْعَ

أُخْتِيْرَ ⟶ أُخْتْيِرَ ⟶ أُخْتُوْرَ

أُنْقُيْدَ ⟶ أُنْقُوْدَ

(9.4) It is also permissible to pronounce these words with

(إِشْمام). (إِشْمام) means to pronounce a (حركة) in such a way that it has the effect of another (حركة). For example in the word (قِيْلَ), the (كسرة) of the (ق) is pronounced in such a way that it has the fragrance of a (ضمة).

Similar is the case with the (ب) of (بِيْعَ). The (كسرة) of the (ب) will have the effect of a (ضمة). The condition for this rule is that changes must have taken place in the (معروف) form of the verb. Therefore, the word (أُعْتُورَ) will remain unchanged because the (معروف) form of this word, namely (إِعْتَوَرَ) was unaffected by any change.

(9.5) In (أجوف واوي), if the (كلمة) is (مفتوح ع), after the (ي) is deleted in the (الماضي المعروف), the (فاء الكلمة) is given a (ضمة) from the (الماضي المجهول), until the end (i.e. تثنية و جمع) of (صيغة) (جمع مؤنث غائب) (مذكر و مؤنث متكلم).

Step by Step Example

$$قُلْتُ ← قُوِلْتُ ← قُوْلْتُ ← قُوْلْتُ ← قِيْلْتُ$$

(9.6) In (أجوف يـائى), whatever the (حركـة) may be, or that in the (مكســور) where the (ع كلمــة) is (أجــوف واوى) is (فــاء الكلمــة), after deleting the (ي), the (الماضي المعــروف), given a (كسرة) from the (صيغة) of (جمع مؤنـث غائــب) until the end, that is, (تثنية و جمع مذكر و مؤنث متكلم).

Example of (أجوف يائى)

$$بُيِعْتُ ← بِيعْتُ ← بِيَعْتُ ← بِعْتُ$$

Example of such a (أجوف واوى) wherein the (عين الكلمة) is (مكسور)

$$خُوِفْنَ ← خُوْفْنَ ← خِوِفْنَ ← خِفْنَ$$

Note that the forms of (معــروف) and (مجهــول) are now the same. However the (أصــل) - original form of each one will be different:

	Original Form	Changed Form
(الماضي المعروف)	قَوَلْتُ	قُلْتُ
(الماضي المجهول)	قُوِلْتُ	قُلْتُ
(الماضي المعروف)	بَيَعْتُ	بِعْتُ
(الماضي المجهول)	بُيِعْتُ	بِعْتُ
(الماضي المعروف)	خَوِفْتُ	خِفْتُ
(الماضي المجهول)	خُوِفْتُ	خِفْتُ

Note:

In the (مجهول) of (باب أستفعال), the transferring of the (حركة) is not according to this rule i.e. rule number 9, but is due to rule number 8 (the rule of يَقُوْلُ). Therefore the rule of (قُوْلَ) and (إشْمَام) will not apply. For example (أُسْتُخْيِرَ) becomes (أُسْتُخِيْرَ).

🙾 🙾 🙾 🙾 🙾

Rule 10

(10.1) If the (لام الكلمة) of the following word form's (صيغة) is (و) or (ي), it becomes (ساكن) if it is preceded by a (ضمة) or a (كسرة):

1. يَفْعَلُ
2. تَفْعَلُ
3. أَفْعَلُ
4. نَفْعَلُ

Examples

(ناقص واوي) example of – (يَدْعُوْ) becomes (يَدْعُوُ)

(ناقص يائي) example of – (يَرْمِىْ) becomes (يَرْمِيُ)

If the (و) or (ي) of the (لام الكلمة) is preceded by a (فتحة), it becomes (ألف) in accordance with the rule of (قَالَ).

Examples

(ناقص يائي) example of – (يَخْشَى) becomes (يَخْشَيُ)

(ناقص واوي) example of – (يَرْضَى) becomes (يَرْضَوُ)

(10.2) If a word has a (و) preceded by a (ضمة) and followed by another (و), that (و) falls off.

Example of (و)

In the word (جمع مذكر غائب) يَدْعُوُوْنَ, before the (و) there is a (ضمة) and after the (و) there is another (و). Therefore, the first (و) is made (ساكن) and the second one falls off due to (إجتماع ساكنين). It becomes (يَدْعُوْنَ).

If a (ي) is preceded by a (كسرة) and followed by another (ي), the first (ي) becomes (ساكن) and the other (ي) is deleted because of (إجتماع ساكنين).

Example of (ي)

In the word تَرْمِيِيْنَ (واحد مؤنث حاضر) there is a (كسرة) before the (ي) and it is followed by a second (ي). Therefore the first (ي) becomes (ساكن) and the second (ي) falls off. It becomes (تَرْمِيْنَ).

(10.3) If a (و) is preceded by a (ضمة) and followed by a

From the Treasures of Arabic Morphology

(ي), the preceding letter is made (سَاكِن) and the (حَرَكَة) of the (و) is transferred to the preceding letter. Then the (و) changes into a (ي) and falls off due to (إجتماع ساكنين).

Example

In the word (تَــدْعُوِيْنَ) the (و) is preceded by a (ضمة) and followed by a (ي), therefore the preceding letter (ع) is made (ساكن) and the (حركة) of the (و) which is a (كسرة) is transferred to the preceding letter, the (ع). It therefore becomes (تَــدْعُوِيْنَ). Due to the preceding (كسرة), the (و) changes into a (ي). Now due to (إجتماع ساكنين) the (ي) is deleted. It becomes (تَدْعِيْنَ).

(10.4) If a (ي) is preceded by a (كسرة) and followed by a (و), the preceding letter is made (ساكن) and the (حركة) of the (ي) is given to the preceding letter. Then the (ي) changes into a (و) and falls off due to (إجتماع ساكنين).

Example

In the word (يَرْمِيُوْنَ), the (ي) is preceded by a (كَسْرَة) and followed by a (و). Therefore, the preceding letter (م) is made (سَاكِن) and the (حَرَكَة) of the (ي) which is a (ضَمَّة), is transferred to the preceding letter (م). It becomes (يَرْمُيْوْنَ). Due to the preceding (ضَمَّة), the (ي) changes to (و). It becomes (يَرْمُوْوْنَ). Now due to (إجْتِمَاع سَاكِنين), the (و) is deleted. It becomes (يَرْمُوْنَ).

Further Examples

. لَقُوْا (الماضي المعروف – فَعَلُوْا) becomes لَقِيُوْا

. رُمُوْا (الماضي المجهول – فُعِلُوْا) becomes رُمِيُوْا

Step by Step

لَقِيُوْا ← لَقُيُوْا ← لَقُيْوْا ← لَقُوْوْا ← لَقُوْا

رُمِيُوْا ← رُمُيُوْا ← رُمُيْوْا ← رُمُوْوْا ← رُمُوْا

From the Treasures of Arabic Morphology

Exercise 43

(a) Identify the rules or changes of (مُعتَلْ) in the following words:

(1) دُمْتُ   (6) إِتَّزَنَ
(2) يَرِثُ   (7) وُقُوْفٌ
(3) ضَعَةٌ   (8) رَضُوْا
(4) مِيْرَاثٌ   (9) رُمْنَ
(5) مُوْقِظٌ   (10) يَدِيْنُ

Rule 11

If a (و) appears in the place of the (لام الكلمة) after a (كسرة), the (و) changes into a (ي).

Example

In the word (دُعِوَ) the (و) appears in the place of the (لام الكلمة) after a (كسرة). Therefore the (و) changes into a (ي). It becomes (دُعِيَ).

The same change occurs in (دَاعِيَةٌ), (دَاعِيَانِ) and (دُعِيَا).

دُعِوَ ⟶ دُعِيَ

دُعِيَا ← دُعِوَا
دَاعِيَان ← دَاعِوَان
دَاعِيَةٌ ← دَاعِوَةٌ

Rule 12

If a (ي) is in the place of the (لام الكلمة), preceded by a (ضمة), the (ي) changes into a (و).

Example

In the word نَهُيَ , which is (واحد مذكر غائب) of (باب كَرُمَ) from the maṣdar (نَهَاوَةٌ), meaning intellect, the (ي) is in the place of the (لام الكلمة), preceded by a (ضمة). The (ي) changes into a (و). It becomes (نَهُوَ).

Rule 13

(13.1) If a (و) comes in the place of the (ع كلمة) preceded by a (كسرة) in the (مصدر), it changes into a (ي), on condition that (تعليل – a change) occurred in the (فعل).

Examples

1. The word قِيَامًا (which is the مصدر of قَامَ) was originally قِوَامًا.

2. The word صِيَامًا (which is the مصدر of صَامَ) was originally صِوَامًا.

However, the word (قِوَامًا) which is the (مصدر) of (قَاوَمَ) of (باب مفاعلة) remains unchanged, because no (تعليل) occurred in the (فعل). The (فعل) is (قَاوَمَ).

(13.2) The same (تعليل) occurs if a (و) comes in place of the (ع كلمة) of a word that is (جمع), on condition that (و) is (ساكن) in the (صيغة واحد) or (تعليل) took place in the (و) of the (صيغة واحد).

195

Examples

1. The word حِـوَاضٌ (the جمع of the word حَـوْضٌ) changes to حِيَـاضٌ. This is an example of a (جمع) in which the (و) is (ساكن).

2. The word جِـوَادٌ (the جمع of the word جَيِّـدٌ) changes to جِيَـادٌ. This is an example of a (جمع) in which the (و) is changed in the original (from جَيْوِدٌ to جَيِّدٌ).

Rule 14

(14.1) If a (و) or (ي) which are are not changed from any other letter, come together in one word, which is not (ملحـق بربـاعى) (on the scale of دَحْـرَجَ) and the first of the two, namely the (و) or (ي) is (ساكـن), then the (و) changes into a (ي). Then (إدغـام) is made and the preceding (ضـمة) is changed into (كسرة).

Examples

1. In the word سَـيْوِدٌ , (و) and (ي) come together, and the first of the two i.e. the (ي) is (ساكـن). Therefore the (و) changes into a (ي), thereby becoming (سَـيِّيدٌ). After

From the Treasures of Arabic Morphology

(إدغام) is made, it becomes (سَيِّدٌ).

2. In the word (مَرْمُوْيٌ), (و) and (ي) come together, and the first of the two i.e. the (و) is (ساكن). Therefore the (و) changes into a (ي), thereby becoming (مَرْمُيْيٌ). After (إدغام) is made, it becomes (مَرْمُيٌّ). The (ضمة) of the (م) is changed to a (كسرة), thereby becoming (مَرْمِيٌّ).

3. In the word (مُضْوُوْيٌ), (which is the مصدر of مَضَى – يَمْضِيْ), the (و) and (ي) come together, and the first of the two i.e. the (و) is (ساكن). Therefore the (و) changes into a (ي) becoming مُضْيِيٌ. After (إدغام) is made, it becomes (مُضْيٌّ). The (ضمة) of the (م) is changed to (كسرة) thereby becoming (مُضِيٌّ). It is also permissible to read the (م) with (كسرة) corresponding with the (حركة) of the (ض), that is (مِضِيٌّ).

(14.2) The (أمر حاضر) of (أُوِّيْ – يَــأْوِيْ – أَوَى) – to take refuge) is (اُأْوِ). The (ء) changes to a (ي). It becomes إِيْـوِ . Because this (ي) has changed from a (همزة), rule 14.1 will

197

not apply.

Another example where this rule will not apply is the word (ضَيْوَنٌ). No change occurs because it is (ملحق برباعى).

If the (و) and (ي) are in different words, no change will occur.

Example

(1) إِيْ وَاللهِ – the (و) will not change into a (ي).

(2) رَائِــيْ وَزِيْــرِ الْمَعَــارِفِ – the (ي) of the word (رَائِــيْ) and the (و) of the word (وَزِيْــرِ) are in different words and will therefore remain unchanged.

Rule 15

If a word is on the scale of (فُعُوْلٌ) and it has two (و)'s at the end of the word, then both the (و)'s are changed into (ي) and (إدغام) is made. The (ضمة) of the preceding letter (عين الكلمة) is changed into (كسرة) and it is also permissible to give the (فاء الكلمة) a (كسرة).

Example

The word (دُلُوْوٌ) - (جمع) of (دَلْوٌ) is on the scale of (فُعُوْلٌ). Therefore, according to the above rule, both the (و)'s are changed into (ي). It becomes (دُلُيْيٌ). Then (إدغام) is made thereby becoming (دُلُيٌّ). After changing the (ضمة) of the preceding letter into (كسرة), it becomes دُلِيٌّ. It is also permissible to read it as دِلِيٌّ.

※ ※ ※ ※ ※

Rule 16

(16.1) If there is a (و) in the (لام الكلمة) of an (اسم) preceded by a (ضمة), the (ضمة) will be changed into a (كسرة) and the (و) into a (ي). The (ي) is then made

(ساكن). Due to (إجتماع ساكنين), the (ي) is deleted.

Example

In the word (أَدْلُــوٌ) - جمــع of (دَلْــوٌ), the (و) is on the (لام) (الكلمــة) of an (اســم) preceded by a (ضــمة). Therefore the (ضــمة) will be changed into a (كســرة) becoming (أَدْلِــوٌ). Then the (و) changes into a (ي), thereby becoming (أَدْلِــيٌ), which can also be written as (أَدْلِــيُنْ). After (ي) is made (ساكن), due to (إجتمــاع ساكنين), the (ي) is deleted. It becomes (أَدْلِنْ) which can also be written as (أَدْلٍ).

Step by Step Example

أَدْلُوٌ ⟵ أَدْلِوٌ ⟵ أَدْلِيٌ (أَدْلِيُنْ) ⟵ أَدْلِنْ ⟵ أَدْلٍ

(16.2) The law of (16.1) will also occur on a مصــدر, which is from (باب تفعّل) and is (ناقص واوي).

Example

The word (تَعَلُّــوٌ) undergoes the following changes, eventually becoming (تَعَلٍّ).

تَعَلُّوْ ← تَعَلِّيْ ← تَعَلِّيْنْ ← تَعَلِّيْنْ ← تَعَلِّنْ
← تَعَلِّ

(16.3) The law of 16.1 will also occur on a (مصدر), which is from (باب تفاعل) and is (ناقص واوي).

Example

The word (تَعَالُوْ) undergoes the following changes, eventually becoming (تَعَالٍ).

تَعَالُوْ ← تَعَالِيْ ← تَعَالِيْنْ ← تَعَالِيْنْ ← تَعَالِنْ
← تَعَالٍ

(16.4) If a (ي) comes in the (لام الكلمة) of an اسم and is preceded by a letter which has a (ضمة), the (ضمة) is changed into a (كسرة).

Example

The word (أَظْبُيٌ) - (جمع of ظَبْيٌ) changes to (أَظْبُيٌ), which can also be written as (أَظْبُيُنْ). The (ي) is made (ساكن) so it becomes (أَظْبُيْنْ). Due to (إجتماع ساكنين), the (ي) is deleted. It becomes (أَظْبُنْ), which can also be written as

(أَظْبٍ).

Step by Step Example

أَظْبِيْنْ ⟵ أَظْبِيُنْ ⟵ أَظْبِيٌ ⟵ أَظْبُيٌ

⟵ أَظْبِنْ ⟵ أَظْبٍ

Rule 17

(17.1) If a (و) or (ي) comes in the place of the (ع كلمـة) of a word which is (اســم فاعــل), the (و) or (ي) changes into a (ء), on condition that change took places in the (فعل).

Examples

1. The word (قَــاوِلٌ) changes to (قَــائِــلٌ). (Changes took place in its فعل from قَوَلَ to قَالَ).

2. The word (بَــايِعٌ) changes to (بَــائِعٌ). (Changes took place in its فعل from بَيَعَ to بَاعَ).

(17.2) Sometimes the (حــرف العلــة) is deleted as in the case of (هَــارٌ) which was originally (هَــائِرٌ). This word is used in the Qur'ân: (عَلَى شَفَا جُرُفٍ هَارٍ).

Exception

In the word (الرَّاوِيْ) the (و) will not change into a (همزة) because no change took place in the فعل (رَوَى يَرْوِيْ).

※ ※ ※ ※ ※

Rule 18

If a (و زائد) or (ي زائد) or (الف زائد) appears after the (الــف) of (مَفَاعِلُ), it changes into a (همزة).

Examples

1. The word (عَجَـاوِزُ) changes to (عَجَـائِزُ) - جمــع of the word (عَجُوْزٌ). This is an example of (و).

2. The word (شَرَاوِفُ) changes to (شَرَائِفُ) - جمــع of the word (شَرِيْفَةٌ). This is an example of (ي).

3. The word (رَسَاالُ) changes to (رَسَائِلُ) - جمــع of the word (رِسَالَةٌ). This is an example of (الف زائد).

Exception

The (جمــع) of the word (مُصِيْبَةٌ) is (مَصَـائِبُ). Although the (ي) is original, it changed into (همـزة). This is an exception to the rule.

Rule 19

If a (و) or (ي) comes at the end of a word after (الـــف زائــد), they change into a (هـــزة). This rule applies to all kinds of words, namely جامد and مشتق, جمع, مفرد, مصدر.

Examples of مصدر

i. دُعَاءٌ ⟶ دُعَاوٌ (example of و) - دُعَـــاءٌ means supplication).

ii. رُوَاءٌ ⟶ رُوَايٌ (example of ي) - رُوَاءٌ means pleasing appearance).

Examples of جمع

i. دَعَاءٌ ⟶ دَعَاوٌ (دَعَاءٌ جمع of دَاعٍ)

ii. أَسْمَاءٌ ⟶ أَسْمَاوٌ (أَسْمَاءٌ جمع of إِسْـــمٌ), which was originally (سِمْوٌ).

i. أَحْيَاءٌ ⟶ أَحْيَايٌ (أَحْيَاءٌ جمع of حَيٌّ).

From the Treasures of Arabic Morphology

Examples of اسم جامد

i. (و example of) كِسَاءٌ ← كِسَاوٌ

ii. (ي example of) رِدَاءٌ ← رِدَايٌ

Rule 20

(20.1) If a (و) comes in the fourth position or later in a word and it is not preceded by a (ضَمَّة) or a (وْ ساكِن), it changes into a (ي).

Examples

1. The word (يُدْعَيَانِ) was originally (يُدْعَوَانِ). The (و) is in the fourth position of the (فعل), thus it changes into a (ي).

2. The word (أَعْلَيْتُ) was originally (أَعْلَوْتُ). The (و) is in the 4th position of the (فعل), thus it changes into a (ي).

3. The word (إِسْتَعْلَيْتُ) was originally (إِسْتَعْلَوْتُ). The (و) is in the sixth position of the (فعل), thus it changes into a (ي).

(20.2) The plural of (مِدْعَاءٌ) is (مَدَاعِيٌّ), which originally was (مَدَاعِيُوٌ). In this word, the (و) is in the sixth position. It changes into a (ي) and (إدغام) is made. It becomes (مَدَاعِيٌّ). The rule of (سَيِّدٌ) (Rule number 14, example 2) is not applicable here because the (ي) has changed from an (الف). The (مفرد) of this word is (مِدْعَاءٌ). In Rule 14, the condition was that the (و) or (ي) must not be changed from another letter.

※ ※ ※ ※ ※

Rule 21

(21.1) The (الف) that comes after a (ضمة) changes into a (و).

Examples

1. The word (ضُوْرِبَ) was originally (ضُارِبَ) - (the [ماضى مجهول] of ضَارَبَ يُضَارِبُ). The (الف) is preceded by a (ضمة), thus it changes into a (و).

2. The word (ضُوَيْرِبٌ) - (اسم تصغير) of (ضَارِبٌ) was originally (ضُايْرِبٌ). The (الف) is preceded by a (ضمة), thus it changes into a (و).

(21.2) The (الـف) that comes after a (كسـرة) changes into a (ي).

Example

The word مَحَارِيْــبُ (plural of مِحْــرَابٌ) was originally مَحَــارَابُ. The (الـف) is preceded by a (كسـرة), thus it changes into a (ي). It becomes (مَحَارِيْبُ).

🙚 🙚 🙚 🙚 🙚

Rule 22

If there is an (الـف زائد) before the (الـف) of (تــثــنية) or (جمع مؤنث سالم), it changes into a (ي).

Example

i. The (تثنية) of (حُبْلَــى) is (حُبْلَيَـــانِ). The end of the word (حُبْلَى) has an (الـف) which does not accept a (حركــة). Therefore, the (الف) is changed into (ي).

ii. The (جمع) of (حُبْلَى) is (حُبْلَيَاتٌ). Here also the the (الف) of (حُبْلَى) is changed into (ي).

🙚 🙚 🙚 🙚 🙚

Rule 23

If (ي) appears as the (ع كلمة) of either a plural on the scale of (فُعْل) or it appears in the feminine adjective on the scale of (فُعْلَى), the preceding letter is given a (كسرة).

Examples

1. The word (بِــيْضٌ) (plural of بَيْضَاءُ and أَبْــيَضُ) was originally بُــيْضٌ. The (ي) appears as the (ع كلمة) of (فُعْل), thus the preceding letter is made (مكسور). It becomes (بِيْضٌ).

2. The word (حِيْكَى – meaning 'to walk arrogantly') was originally (حُيْكَى). The (ي) appears as the (ع كلمة) of the feminine (فُعْلَى), thus the preceding letter is made (مكسور). It becomes (حِيْكَى).

Note:

This rule is like an exception to Rule 3 where the (ي) changes to (و). Instead of changing the (ي) to (و), the (ي) is maintained and the (ضمة) which is the preceding (حركة), is changed to (كسرة).

From the Treasures of Arabic Morphology

The (اسـم تفضــيل) falls in the category of (اسـم ذات), that is, a noun not having any descriptive qualities.

Examples

(طُـوْبَى) - the (مؤنـث) of (أطيَـب). It was originally (طُيْبَى) - purer. The (ي) is changed to (و).

(كُوْسَى) - the (مؤنـث) of (أكْيَسُ). It was originally (كُيْسَى) - (more intelligent). The (ي) is changed to (و).

Step by Step Examples

طُيْبَى ← طُوْبَى

كُيْسَى ← كُوْسَى

🙾 🙾 🙾 🙾 🙾

Rule 24

If a (مصـدر) comes on the scale of (فَعْلُوْلَـةٌ) and the (كلمـة ع) is a (و), the (و) will change into a (ي).

Example

The word (كَيْنُوْنَةٌ) was originally (كَوْنُوْنَةٌ), the (كلمـة ع) is a (و), thus it changes into a (ي) thereby becoming (كَيْنُوْنَةٌ).

🙾 🙾 🙾 🙾 🙾

Rule 25

The rule for words on the scale of (مَفَاعِلُ) or (أَفَاعِلُ), is that if they end in (ي), and are (نكرة), [that is, they are neither (معرف) nor (مضاف)], then in (حالة الرفـع والجـر), the (ي) is deleted. The (كلمة ع) is now read with tanwīn.

In (حالة النصب), the word will remain (مفتوح).

Example of (نكرة), that is, they are neither (معرف بـالام) nor (مضاف):(جَوَارٍ) changes to (جَوَارِيُّ).

حالة والجر	حالة النصب	حالة الرفع والجر
مَرَرْتُ بِجَوَارٍ	رَأَيْتُ جَوَارِيًا	هَذِهِ جَوَارٍ

If they are (معرفة), the (ي) becomes (ساكن) in (حالـة النصـب),(حالة الرفع والجـر) and in the (ي) will be (مفتوح).

Examples: (الجَوَارِيَ) changes to (الجَوَارِيْ) or (الجَوَارِيُ).

حالة والجر	حالة النصب	حالة الرفع والجر
مَرَرْتُ بِالجَوَارِيْ	رَأَيْتُ الجَوَارِيَ	هَذِهِ الجَوَارِيْ

From the Treasures of Arabic Morphology

All words having (ي متحرك) preceded by a (كسرة) follow this rule. Such words are called (إسم منقوص).

Examples:

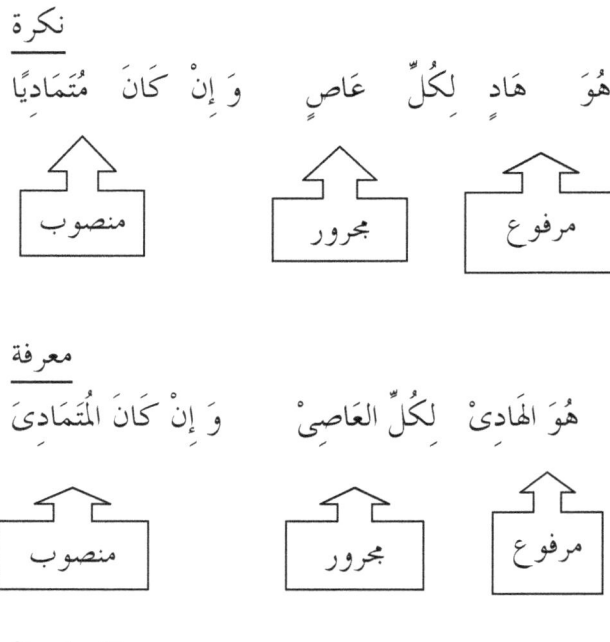

Step by Step

نكرة

رَامٍ ⟵ رَامِنْ ⟵ رَامِيْنْ ⟵ رَامِنْ ⟵ رَامِيٌ

From the Treasures of Arabic Morphology

اَلرَّامِيُ ← اَلرَّامِىْ معرفة

🙿 🙿 🙿 🙿 🙿

Rule 26

(26.1) If a (و) comes in place of the (لام الكلمة)of (فُعْلَـــى) in a word which is either (إسم جامد) or (إسم تفضـــيل), it changes into a (ي).

Examples

i. The word (دُنْيَا) was originally (دُنْوَا). A (و) comes in place of the (لام الكلمة) of (فُعْلَى). Thus it changes into a (ي). It becomes (دُنْيَا). This is the (إسم تفضيل) from (دَنَا يَدْنُوْ دُنُوًّا) – to be near, [باب نصر].

ii. The word (عُلْيَـــا) was originally (عُلْـــوَا). A (و) comes in place of the (لام الكلمة) of (فُعْلَـــى). Thus it changes into a (ي). It becomes (عُلْيَا). This is the (إسم تفضيل) from (عَلَا يَعْلُوْ عُلُوًّا)- to be high, [باب نصر].

Exception

If this word is a (صِـفة), it remains unchanged e.g. غُـزْوَى (a female warrior).

(26.2) If a (ي) comes in place of the (لام الكلمـة) of a word on the scale of (فَعْلَى), it changes into a (و).

Example

The word (تَقْوَى) was originally (تَقْيَا). A (ي) comes in place of the (لام الكلمة) of this word. Thus it changes into a (و).

Exercise 44

(a) Apply the rules of (معتل) to the following words:

(1) سُرِيَ (6) سَمَاءٌ

(2) مَرْضِيٌّ (7) يُسْمَيَان

(3) تَدَاعٍ (8) سُوَيْمِعٌ

(4) رَائِمٌ (9) جُوْهِدَ

(5) دَائِنٌ (10) حُسْنَيَان

The Paradigms of (مثال)

مثال واوي من باب ضَرَبَ — اَلْوَعْدُ وَالْعِدَةُ

وَعَدَ يَعِدُ وَعْدًا فَهُوَ وَاعِدٌ وَوُعِدَ يُوعَدُ وَعْدًا فَهُوَ مَوْعُودٌ اَلْأَمْرُ مِنْهُ عِدْ وَالنَّهْيُ عَنْهُ لاَ تَعِدْ الظَّرْفُ مِنْهُ مَوْعِدٌ مَوْعِدَانِ مَوَاعِدُ وَالْآلَةُ مِنْهُ مِيْعَدٌ مِيْعَدَانِ مَوَاعِدُ مِيْعَدَةٌ مِيْعَدَتَانِ مِيْعَادٌ مِيْعَادَانِ مَوَاعِيدُ وَأَفْعَلُ التَّفْضِيلِ مِنْهُ أَوْعَدُ أَوْعَدَانِ أَوْعَدُوْنَ وَأَوَاعِدُ وَالْمُؤَنَّثُ مِنْهُ وُعْدَى وُعْدَيَانِ وُعَدٌ وَ وُعْدَيَاتٌ

Analysis of the changes

(1) The verbs of (مثال واوي) are used in all the (أبواب) except (باب نصر).

(2) The (و) of (المضارع المعروف) has been deleted due to rule no.1 – the rule of (يَعِدُ).

(3) The (و) of the (مصدر) has been deleted due to rule no.2 – the rule of (عِدَةٌ).

(4) In (الماضي المجهول), the (و) can be changed to (همزة) according to rule no. 5 – the rule of (أُجُوْهٌ). Accordingly, (وُعِدَ) can be pronounced as (أُعِدَ). The same applies to the

feminine of the (اســـم التفضــيل) – (وُعْــدَي) can be pronounced as (أُعْدَي).

(5) The broken plural - (جمـع مكسـر) of the (اســم الفاعــل) (مؤنــث) which is (أَوَاعِـدُ) was originally (وَوَاعِـدُ). The first (و) is changed to a (همـزة) according to rule no. 6 - the rule of (أَوَاصِلُ).

(6) The (و) of the (اســم الآلــة) has changed to (ي) according to rule no. 3 – the rule of (مِيْعَادٌ).

(7) However, the (و) is unchanged in the dimunitive (اســم) (مُوَيْعِيْــدٌ) – (اســم الآلــة) of the (التصــغير) and in the (جمــع مكسـر) – (مَوَاعِيْــدُ), because the reason for the change is not found, namely the (وْ) and a preceding (كسرة).

From the Treasures of Arabic Morphology

مثال يائي من باب ضَرَبَ — الْمَيْسِرُ
يَسَرَ يَيْسِرُ مَيْسِرًا فَهُوَ يَاسِرٌ وَيُسِرَ يُوسَرُ مَيْسِرًا فَهُوَ مَيْسُورٌ اَلْأَمْرُ مِنْهُ إِيْسِرْ وَالنَّهْيُ عَنْهُ لاَ تَيْسِرْ

Analysis of the changes

(1) In this (بــاب), the only change that has occurred is in the (المضــارع المجهــول) where the (ي) has changed to a (و) according to rule no. 3 – the rule of (مُوْسِرٌ).

مثال واوي من باب سَمِعَ — الْوَجَلُ
وَجِلَ يَوْجَلُ وَجَلًا فَهُوَ وَاجِلٌ وَوُجِلَ يُوجَلُ وَجَلًا فَهُوَ مَوْجُوْلٌ اَلْأَمْرُ مِنْهُ إِيْجَلْ وَالنَّهْيُ عَنْهُ لاَ تَوْجَلْ

Analysis of the changes

(1) In the imperative (أمــر حاضــر) - (بــاب), the (و) has changed to a (ي) according to rule no. 3 – the rule of (مِيْعَادٌ). The same rule applies to the (اسم الآلــة) - (وَ) (مِيْجَلَةٌ وَ مِيْجَالٌ).

(2) In the word (أَوَاجِــلُ), the (و) has changed to a (همــزة) according to rule no. 6 – the rule of (أَوَاصِلُ).

216

(3) It is permissible to change the (و) to a (همزة) in (وُجِــلَ) - (وُجَــلٌ) and in (واحد مذكر غائــب الماضــي المجهــول) the - the broken plural of the (اسم التفضيل مؤنث).

There is no other change in this (باب).

مثال واوي آخر من باب سَمِعَ — الْوَسْع وَالسَّعَةُ
وَسِعَ يَسَعُ وَسْعًا وَسَعَةً فَهُوَ وَاسِعٌ وَ وُسِعَ يُوسَعُ وَسْعًا وَسَعَةً فَهُوَ
مَوْسُوعٌ اَلْأَمْرُ مِنْهُ سَعْ وَالنَّهْيُ عَنْهُ لاَ تَسَعْ

مثال واوي من باب فَتَحَ — الْهِبَةُ
وَهَبَ يَهَبُ هِبَةً فَهُوَ وَاهِبٌ وَوُهِبَ يُوهَبُ هِبَةً فَهُوَ مَوْهُوبٌ اَلْأَمْرُ
مِنْهُ هَبْ وَالنَّهْيُ عَنْهُ لاَ تَهَبْ

Analysis of the changes

(1) In both the above-mentioned (أبــواب), the (و) of the (مضــارع) has been deleted due to rule no.1 – the rule of (يَعِــدُ). The changes in the other words are similar to (وَعَــدَ يَعِدُ).

مثال واوي من باب حَسِبَ ــ الْوَمَقُ وَالمقَةُ

وَمَقَ يَمِقُ وَمَقًا وَمِقَةً فَهُوَ وَامِقٌ وَ وُمِقَ يُوْمَقُ وَمَقًا وَمِقَةً فَهُوَ مَوْمُوْقٌ اَلْأَمْرُ مِنْهُ مِقْ وَالنَّهْيُ عَنْهُ لاَ تَمِقْ

Analysis of the changes

(1) The changes in this (بــاب) are similar to those of (وَعَـــدَ يَعِدُ).

مثال واوي من باب إفتعال ــ الْإِتِّقَادُ

إِتَّقَدَ يَتَّقِدُ إِتِّقَادًا مُتَّقِدٌ فَهُوَ وَ أُتُّقِدَ يُتَّقَدُ إِتِّقَادًا فَهُوَ مُتَّقَدٌ اَلْأَمْرُ مِنْهُ إِتَّقِدْ وَالنَّهْيُ عَنْهُ لاَ تَتَّقِدْ

مثال يائي من باب إفتعال ــ الْإِتِّسَارُ

إِتَّسَرَ يَتَّسِرُ إِتِّسَارًا فَهُوَ مُتَّسِرٌ وَ أُتُّسِرَ يُتَّسَرُ إِتِّسَارًا فَهُوَ مُتَّسَرٌ اَلْأَمْرُ مِنْهُ إِتَّسِرْ وَالنَّهْيُ عَنْهُ لاَ تَتَّسِرْ

Analysis of the changes

(1) According to rule no. 4 – the rule of (إِتَّقَـــدَ), the (و) and (ي) have changed into (ت) and have been assimilated into the (ت).

مثال واوي من باب إفعال — اَلْإِيْقَادُ

أَوْقَدَ يُوْقِدُ إِيْقَادًا فَهُوَ مُوْقِدٌ وَ أُوْقِدَ يُوْقَدُ إِيْقَادًا فَهُوَ مُوْقَدٌ اَلْأَمْرُ مِنْهُ أَوْقِدْ وَالنَّهْيُ عَنْهُ لَا تُوْقِدْ

مثال واوي من باب إستفعال — اَلْإِسْتِيْقَادُ

إِسْتَوْقَدَ يَسْتَوْقِدُ إِسْتِيْقَادًا فَهُوَ مُسْتَوْقِدٌ وَ أُسْتُوْقِدَ يُسْتَوْقَدُ إِسْتِيْقَادًا فَهُوَ مُسْتَوْقَدٌ اَلْأَمْرُ مِنْهُ إِسْتَوْقِدْ وَالنَّهْيُ عَنْهُ لَا تَسْتَوْقِدْ

Analysis of the changes

(1) In both the paradigms, the (و) has changed into (ي) according to rule no. 3 – the rule of (مِيْعَادٌ).

From the Treasures of Arabic Morphology

Exercise 45

(a) Conjugate the following verbs:

(1) وَضَعَ

(2) يَتَمَ

(3) إتَّسَمَ

(4) أَيْقَظَ

(5) إِسْتَيْقَظَ

(6) يَاسَرَ

(7) جَاوَبَ

(9) إِنْقَادَ

(10) وَحَّدَ

The Paradigms of (أجوف)

أجوف واوي من باب نَصَرَ — الْقَوْلُ

قَالَ يَقُوْلُ قَوْلاً فَهُوَ قَائِلٌ وَ قِيْلَ يُقَالُ قَوْلاً فَهُوَ مَقُوْلٌ اَلْأَمْرُ مِنْهُ قُلْ وَالنَّهْيُ عَنْهُ لاَ تَقُلْ الظَّرْفُ مِنْهُ مَقَالٌ مَقَالاَن مقاوِلُ وَالْآلَةُ مِنْهُ مَقْوَلٌ مَقْوَلَانِ مَقاوِلُ مِقْوَلَةٌ مِقْوَلَتَانِ مَقاوِلُ مِقْوَالٌ مَقاوِلُ مَقْوَالَانِ مَقاوِيْلُ وَأَفْعَلُ التَّفْضِيْلِ مِنْهُ أَقْوَلُ أَقْوَلَانِ أَقْوَلُوْنَ وَأَقاوِلُ وَالْمُؤَنَّثُ مِنْهُ قُوْلَى قُوْلَيَانِ قُوَلٌ وَقُوْلَيَاتٌ

There is no change in the words (مِقْـــوَلٌ) and (مِقْوَلَـــةٌ) because they were originally (مِقْـــوَالٌ). No change occurred in (مِقْـــوَالٌ) because of the exception in rule no. 8, namely that the (و) should not be followed by an (الف).

Hereunder follow the paradigms of the (الماضي) and (مضارع). All other verbs which are (مثال واوي) from this (باب) follow the same pattern.

From the Treasures of Arabic Morphology

الماضي المعروف	الماضي المجهول	المضارع المعروف	المضارع المجهول	تأكيد النفي مع لن ، معروف	تأكيد النفي مع لن ، مجهول
قَالَ	قِيْلَ	يَقُوْلُ	يُقَالُ	لَنْ يَقُوْلَ	لَنْ يُقَالَ
قَالَا	قِيْلَا	يَقُوْلَانِ	يُقَالَانِ	لَنْ يَقُوْلَا	لَنْ يُقَالَا
قَالُوْا	قِيْلُوْا	يَقُوْلُوْنَ	يُقَالُوْنَ	لَنْ يَقُوْلُوْا	لَنْ يُقَالُوْا
قَالَتْ	قِيْلَتْ	تَقُوْلُ	تُقَالُ	لَنْ تَقُوْلَ	لَنْ تُقَالَ
قَالَتَا	قِيْلَتَا	تَقُوْلَانِ	تُقَالَانِ	لَنْ تَقُوْلَا	لَنْ تُقَالَا
قُلْنَ	قُلْنَ	يَقُلْنَ	يُقَلْنَ	لَنْ يَقُلْنَ	لَنْ يُقَلْنَ
قُلْتَ	قُلْتَ	تَقُوْلُ	تُقَالُ	لَنْ تَقُوْلَ	لَنْ تُقَالَ
قُلْتُمَا	قُلْتُمَا	تَقُوْلَانِ	تُقَالَانِ	لَنْ تَقُوْلَا	لَنْ تُقَالَا
قُلْتُمْ	قُلْتُمْ	تَقُوْلُوْنَ	تُقَالُوْنَ	لَنْ تَقُوْلُوْا	لَنْ تُقَالُوْا
قُلْتِ	قُلْتِ	تَقُوْلِيْنَ	تُقَالِيْنَ	لَنْ تَقُوْلِيْ	لَنْ تُقَالِيْ
قُلْتُمَا	قُلْتُمَا	تَقُوْلَانِ	تُقَالَانِ	لَنْ تَقُوْلَا	لَنْ تُقَالَا
قُلْتُنَّ	قُلْتُنَّ	تَقُلْنَ	تُقَلْنَ	لَنْ تَقُلْنَ	لَنْ تُقَلْنَ
قُلْتُ	قُلْتُ	اَقُوْلُ	اُقَالُ	لَنْ اَقُوْلَ	لَنْ اُقَالَ
قُلْنَا	قُلْنَا	نَقُوْلُ	نُقَالُ	لَنْ نَقُوْلَ	لَنْ نُقَالَ

المضارع المجهول مع النون الثقيلة	المضارع المعروف مع النون الثقيلة	النفي مع لم ، مجهول	النفي مع لم ، معروف
لَيُقَالَنَّ	لَيَقُوْلَنَّ	لَمْ يُقَلْ	لَمْ يَقُلْ
لَيُقَالَانَّ	لَيَقُوْلَانَّ	لَمْ يُقَالَا	لَمْ يَقُوْلَا
لَيُقَالُنَّ	لَيَقُوْلُنَّ	لَمْ يُقَالُوْا	لَمْ يَقُوْلُوْا
لَتُقَالَنَّ	لَتَقُوْلَنَّ	لَمْ تُقَلْ	لَمْ تَقُلْ
لَتُقَالَانَّ	لَتَقُوْلَانَّ	لَمْ تُقَالَا	لَمْ تَقُوْلَا
لَيُقَلْنَانَّ	لَيَقُلْنَانَّ	لَمْ يُقَلْنَ	لَمْ يَقُلْنَ
لَتُقَالَنَّ	لَتَقُوْلَنَّ	لَمْ تُقَلْ	لَمْ تَقُلْ
لَتُقَالَانَّ	لَتَقُوْلَانَّ	لَمْ تُقَالَا	لَمْ تَقُوْلَا
لَتُقَالُنَّ	لَتَقُوْلُنَّ	لَمْ تُقَالُوْا	لَمْ تَقُوْلُوْا
لَتُقَالِنَّ	لَتَقُوْلِنَّ	لَمْ تُقَالِيْ	لَمْ تَقُوْلِيْ
لَتُقَالَانَّ	لَتَقُوْلَانَّ	لَمْ تُقَالَا	لَمْ تَقُوْلَا
لَتُقَلْنَانَّ	لَتَقُلْنَانَّ	لَمْ تُقَلْنَ	لَمْ تَقُلْنَ
لَأُقَالَنَّ	لَأَقُوْلَنَّ	لَمْ أُقَلْ	لَمْ أَقُلْ
لَنُقَالَنَّ	لَنَقُوْلَنَّ	لَمْ نُقَلْ	لَمْ نَقُلْ

المضارع المعروف مع النون الخفيفة : لَيَقُوْلَنْ ، لَيَقُوْلُنْ ، لَتَقُوْلَنْ ، لَتَقُوْلَنْ ، لَتَقُوْلُنْ ، لَتَقُوْلَنْ ، لَأَقُوْلَنْ ، لَنَقُوْلَنْ

المضارع المجهول مع النون الخفيفة : لَيُقَالَنْ ، لَيُقَالَنْ ، لَتُقَالَنْ ، لَتُقَالَنْ ، لَتُقَالَنْ ، لَأُقَالَنْ ، لَنُقَالَنْ

الأمر المجهول مع النون الثقيلة	الأمر المعروف مع النون الثقيلة	الأمر المجهول	الأمر المعروف
لِيُقَالَنَّ	لِيَقُوْلَنَّ	لِيُقَلْ	لِيَقُلْ
لِيُقَالَانِّ	لِيَقُوْلَانِّ	لِيُقَالَا	لِيَقُوْلَا
لِيُقَالُنَّ	لِيَقُوْلُنَّ	لِيُقَالُوْا	لِيَقُوْلُوْا
لِتُقَالَنَّ	لِتَقُوْلَنَّ	لِتُقَلْ	لِتَقُلْ
لِتُـقَالَانِّ	لِتَـقُوْلَانِّ	لِتُـقَالَا	لِتَـقُوْلَا
لِيُقَلْنَانِّ	لِيَقُلْنَانِّ	لِيُقَلْنَ	لِيَقُلْنَ
لِتُقَالَنَّ	قُوْلَنَّ	لِتُقَلْ	قُلْ
لِتُـقَالَانِّ	قُوْلَانِّ	لِتُقَالَا	قُوْلَا
لِتُقَالُنَّ	قُوْلُنَّ	لِتُقَالُوْا	قُوْلُوْا
لِتُـقَالِنَّ	قُوْلِنَّ	لِتُقَالِيْ	قُوْلِيْ
لِتُـقَالَانِّ	قُوْلَانِّ	لِتُقَالَا	قُوْلَا
لِتُقَلْنَانِّ	قُلْنَانِّ	لِتُقَلْنَ	قُلْنَ
لَاُقَالَنَّ	لَاَقُوْلَنَّ	لَاُقَلْ	لَاَقُلْ
لِنُـقَالَنَّ	لِنَـقُوْلَنَّ	لِنُقَلْ	لِنَقُلْ

الأمر المعروف مع النون الخفيفة : لِيَقُوْلَنْ ، لِيَقُوْلُنْ ، لِتَقُوْلَنْ ، قُوْلُنْ ، قُوْلُنْ ، لِأَقُوْلَنْ ، لِنَقُوْلَنْ

الأمر المجهول مع النون الخفيفة : لِيُقَالَنْ ، لِيُقَالُنْ ، لِتُقَالَنْ ، لِتُقَالُنْ ، لِتُقَالِنْ ، لِأُقَالَنْ ، لِنُقَالَنْ

النهي المجهول مع النون الثقيلة	النهي المعروف مع النون الثقيلة	النهي المجهول	النهي المعروف
لاَ يُقَالَنَّ	لاَ يَقُوْلَنَّ	لاَ يُقَلْ	لاَ يَقُلْ
لاَ يُقَالاَنِّ	لاَ يَقُوْلاَنِّ	لاَ يُقَالاَ	لاَ يَقُوْلاَ
لاَ يُقَالُنَّ	لاَ يَقُوْلُنَّ	لاَ يُقَالُوْا	لاَ يَقُوْلُوْا
لاَ تُقَالَنَّ	لاَ تَقُوْلَنَّ	لاَ تُقَلْ	لاَ تَقُلْ
لاَ تُـقَالاَنِّ	لاَ تَـقُوْلاَنِّ	لاَ تُـقَالاَ	لاَ تَـقُوْلاَ
لاَ يُقْلَنَانِّ	لاَ يَقُلْنَانِّ	لاَ يُقْلَنَ	لاَ يَقُلْنَ
لاَ تُقَالَنَّ	لاَ تَقُوْلَنَّ	لاَ تُقَلْ	لاَ تَقُلْ
لاَ تُـقَالاَنِّ	لاَ تَـقُوْلاَنِّ	لاَ تُـقَالاَ	لاَ تَـقُوْلاَ
لاَ تُقَالُنَّ	لاَ تَقُوْلُنَّ	لاَ تُقَالُوْا	لاَ تَقُوْلُوْا
لاَ تُـقَالِنَّ	لاَ تَـقُوْلِنَّ	لاَ تُـقَالِيْ	لاَ تَـقُوْلِيْ
لاَ تُـقَالاَنِّ	لاَ تَـقُوْلاَنِّ	لاَ تُـقَالاَ	لاَ تَـقُوْلاَ
لاَ تُقْلَنَانِّ	لاَ تَقْلَنَانِّ	لاَ تُقْلَنَ	لاَ تَقُلْنَ
لاَ أَقَالَنَّ	لاَ أَقُوْلَنَّ	لاَ أَقَلْ	لاَ أَقُلْ
لاَ نُـقَالَنَّ	لاَ نَـقُوْلَنَّ	لاَ نُـقَلْ	لاَ نَـقُلْ

النهي المعروف مع النون الخفيفة : لاَ يَقُوْلَنْ ، لاَ يَقُوْلُنْ ، لاَ تَقُوْلَنْ ، لاَ تَقُوْلَنْ ، لاَ تَقُوْلُنْ ، لاَ تَقُوْلِنْ ، لاَ أَقُوْلَنْ ، لاَ نَقُوْلَنْ

النهي المجهول مع النون الخفيفة : لاَ يُقَالَنْ ، لاَ يُقَالُنْ ، لاَ تُقَالَنْ ، لاَ تُقَالُنْ ، لاَ تُقَالِنْ ، لاَ أُقَالَنْ ، لاَ نُقَالَنْ

From the Treasures of Arabic Morphology

اسم الآلة	اسم الظرف	اسم المفعول	اسم الفاعل
مِقْوَلٌ	مَقَالٌ	مَقُوْلٌ	قَائِلٌ
مِقْوَلَانِ	مَقَالَانِ	مَقُوْلَانِ	قَائِلَانِ
مَقَاوِلُ	مَقَاوِلُ	مَقُوْلُوْنَ	قَائِلُوْنَ
مِقْوَلَةٌ		مَقُوْلَةٌ	قَائِلَةٌ
مِقْوَلَتَانِ		مَقُوْلَتَانِ	قَائِلَتَانِ
مَقَاوِلُ		مَقُوْلَاتٌ	قَائِلَاتٌ
مِقْوَالٌ			
مِقْوَالَانِ			
مَقَاوِيْلُ			

Analysis

(1) Rule no. 7.1 applies to the words from (قَالَ) till (قَالَتَا).

(2) Rule no. 7.4 applies to the words from (قُلْنَ) till (قُلْنَا) in the (المضارع المعروف).

(3) Rule no. 9 applies to the words from (قِيْلَ) till (قِيْلَتَا).

(4) Rule no. 9.5 applies to the words from (قُلْنَ) till (قُلْنَا) in the (المضارع المجهول).

(5) In the paradigm of (يَقُوْلُ), rule no. 8.1 applies to all the words, while rule no. 8.2 applies to all the words of (يُقْوَلُ).

(6) The imperative (أمـــر) is made from (تَقُوْلُ). After deleting the (علامـــة المضـــارع), the last letter is rendered (ساكن). The (و) is deleted due to (إجتمـــاع الســـاكنين) – two sâkins coming together.

(7) Where the (إجتمـــاع الســـاكنين) no more remains, the deleted letter returns as in the paradigms of (نـــون الثقيلــة), e.g. (قُوْلَنَّ).

(8) Rule no. 17 applies to the paradigm of (اســم الفاعـــل), e.g. (قَائِلٌ).

(9) Rule no. 8 applies to the paradigm of (اســم المفعـــول), e.g. (مَقُوْلٌ).

Exercise 46

(a) List the detailed paradigms (الصَّرْف الكَبِير) of the following verbs:

(1) رَاقَ يَرُوْقُ
(2) جَاعَ يَجُوْعُ
(3) ذَاقَ يَذُوْقُ
(4) جَالَ يَجُوْلُ
(5) رَامَ يَرُوْمُ

(b) Name the word-forms (صِيَغ) of the following verbs:

(1) سُخْنَ
(2) يَطُوْفُوْنَ
(3) لَمْ تَجُوْزِيْ
(4) لَتَثُوْرُنَّ
(5) لُوْمُوْا

The Paradigm of (أجوف يائي)

أجوف يائي من باب ضَرَبَ ــ اَلْبَيْعُ

بَاعَ يَبِيعُ بَيْعاً فَهُوَ بَائِعٌ وَ بِيْعَ يُبَاعُ بَيْعاً فَهُوَ مَبِيْعٌ اَلْأَمْرُ مِنْهُ بِعْ وَالنَّهْيُ عَنْهُ لاَ تَبِعْ الظَّرْفُ مِنْهُ مَبِيْعٌ مَبِيْعَانِ مَبَايِعُ وَالْآلَةُ مِنْهُ مِبْيَعٌ مِبْيَعَانِ مَبَايِعُ مِبْيَعَةٌ مِبْيَعَتَانِ مَبَايِعُ مِبْيَاعٌ مِبْيَاعَانِ مَبَايِيْعُ وَأَفْعَلُ التَّفْضِيْلِ مِنْهُ أَبْيَعُ أَبْيَعَانِ أَبْيَعُوْنَ وَ أَبَايِعُ وَالْمُؤَنَّثُ مِنْهُ بُوْعَى وَ بُوْعَيَانِ وَبُيَعٌ وَبُوْعَيَاتٌ

Analysis

The (اسم الظرف) and (اسم المفعول) have become similar after changes were made. However, the original form of each word is different. The original form of the (اسم المفعول) was (مَبْيُوْعٌ) while the original form of the (اسم الظرف) was (مَبْيَعٌ).

Hereunder follow the paradigms of this (باب).

From the Treasures of Arabic Morphology

الماضي المعروف	الماضي المجهول	المضارع المعروف	المضارع المجهول	تأكيد النفي مع لن ، معروف	تأكيد النفي مع لن ، مجهول
بَاعَ	بِيْعَ	يَبِيْعُ	يُبَاعُ	لَنْ يَبِيْعَ	لَنْ يُبَاعَ
بَاعَا	بِيْعَا	يَبِيْعَانِ	يُبَاعَانِ	لَنْ يَبِيْعَا	لَنْ يُبَاعَا
بَاعُوْا	بِيْعُوْا	يَبِيْعُوْنَ	يُبَاعُوْنَ	لَنْ يَبِيْعُوْا	لَنْ يُبَاعُوْا
بَاعَتْ	بِيْعَتْ	تَبِيْعُ	تُبَاعُ	لَنْ تَبِيْعَ	لَنْ تُبَاعَ
بَاعَتَا	بِيْعَتَا	تَبِيْعَانِ	تُبَاعَانِ	لَنْ تَبِيْعَا	لَنْ تُبَاعَا
بِعْنَ	بِعْنَ	يَبِعْنَ	يُبَعْنَ	لَنْ يَبِعْنَ	لَنْ يُبَعْنَ
بِعْتَ	بِعْتَ	تَبِيْعُ	تُبَاعُ	لَنْ تَبِيْعَ	لَنْ تُبَاعَ
بِعْتُمَا	بِعْتُمَا	تَبِيْعَانِ	تُبَاعَانِ	لَنْ تَبِيْعَا	لَنْ تُبَاعَا
بِعْتُمْ	بِعْتُمْ	تَبِيْعُوْنَ	تُبَاعُوْنَ	لَنْ تَبِيْعُوْا	لَنْ تُبَاعُوْا
بِعْتِ	بِعْتِ	تَبِيْعِيْنَ	تُبَاعِيْنَ	لَنْ تَبِيْعِيْ	لَنْ تُبَاعِيْ
بِعْتُمَا	بِعْتُمَا	تَبِيْعَانِ	تُبَاعَانِ	لَنْ تَبِيْعَا	لَنْ تُبَاعَا
بِعْتُنَّ	بِعْتُنَّ	تَبِعْنَ	تُبَعْنَ	لَنْ تَبِعْنَ	لَنْ تُبَعْنَ
بِعْتُ	بِعْتُ	أَبِيْعُ	أُبَاعُ	لَنْ أَبِيْعَ	لَنْ أُبَاعَ
بِعْنَا	بِعْنَا	نَبِيْعُ	نُبَاعُ	لَنْ نَبِيْعَ	لَنْ نُبَاعَ

المضارع المجهول مع النون الثقيلة	المضارع المعروف مع النون الثقيلة	النفي مع لم ، مجهول	النفي مع لم ، معروف
لَيُبَاعَنَّ	لَيَبِيعَنَّ	لَمْ يُبَعْ	لَمْ يَبِعْ
لَيُبَاعَانَّ	لَيَبِيعَانَّ	لَمْ يُبَاعَا	لَمْ يَبِيعَا
لَيُبَاعُنَّ	لَيَبِيعُنَّ	لَمْ يُبَاعُوْا	لَمْ يَبِيعُوْا
لَتُبَاعَنَّ	لَتَبِيعَنَّ	لَمْ تُبَعْ	لَمْ تَبِعْ
لَتُبَاعَانَّ	لَتَبِيعَانَّ	لَمْ تُبَاعَا	لَمْ تَبِيعَا
لَيُبَعْنَانَّ	لَيَبِعْنَانَّ	لَمْ يُبَعْنَ	لَمْ يَبِعْنَ
لَتُبَاعَنَّ	لَتَبِيعَنَّ	لَمْ تُبَعْ	لَمْ تَبِعْ
لَتُبَاعَانَّ	لَتَبِيعَانَّ	لَمْ تُبَاعَا	لَمْ تَبِيعَا
لَتُبَاعُنَّ	لَتَبِيعُنَّ	لَمْ تُبَاعُوْا	لَمْ تَبِيعُوْا
لَتُبَاعِنَّ	لَتَبِيعِنَّ	لَمْ تُبَاعِيْ	لَمْ تَبِيعِيْ
لَتُبَاعَانَّ	لَتَبِيعَانَّ	لَمْ تُبَاعَا	لَمْ تَبِيعَا
لَتُبَعْنَانَّ	لَتَبِعْنَانَّ	لَمْ تُبَعْنَ	لَمْ تَبِعْنَ
لَأُبَاعَنَّ	لَأَبِيعَنَّ	لَمْ أُبَعْ	لَمْ أَبِعْ
لَنُبَاعَنَّ	لَنَبِيعَنَّ	لَمْ نُبَعْ	لَمْ نَبِعْ

المضارع المعروف مع النون الخفيفة : لَيَبِيعَنْ ، لَيَبِيعُنْ ، لَتَبِيعَنْ ، لَتَبِيعَنْ ، لَتَبِيعُنْ ، لَتَبِيعِنْ ، لَتَبِيعَنْ ، لَأَبِيعَنْ ، لَنَبِيعَنْ

المضارع المجهول مع النون الخفيفة : لَيُبَاعَنْ ، لَيُبَاعُنْ ، لَتُبَاعَنْ ، لَتُبَاعَنْ ، لَتُبَاعُنْ ، لَتُبَاعِنْ ، لَأُبَاعَنْ ، لَنُبَاعَنْ

From the Treasures of Arabic Morphology

الأمر المجهول مع النون الثقيلة	الأمر المعروف مع النون الثقيلة	الأمر المجهول	الأمر المعروف
لِيُبَاعَنَّ	لِيَبِيعَنَّ	لِيُبَعْ	لِيَبِعْ
لِيُبَاعَانِّ	لِيَبِيعَانِّ	لِيُبَاعَا	لِيَبِيعَا
لِيُبَاعُنَّ	لِيَبِيعُنَّ	لِيُبَاعُوْا	لِيَبِيعُوْا
لِتُبَاعَنَّ	لِتَبِيعَنَّ	لِتُبَعْ	لِتَبِعْ
لِتُبَاعَانِّ	لِتَبِيعَانِّ	لِتُبَاعَا	لِتَبِيعَا
لِيُبَعْنَانِّ	لِيَبِعْنَانِّ	لِيُبَعْنَ	لِيَبِعْنَ
لِتُبَاعَنَّ	بِيعَنَّ	لِتُبَعْ	بِعْ
لِتُبَاعَانِّ	بِيعَانِّ	لِتُبَاعَا	بِيعَا
لِتُبَاعُنَّ	بِيعُنَّ	لِتُبَاعُوْا	بِيعُوْا
لِتُبَاعَنَّ	بِيعِنَّ	لِتُبَاعِي	بِيعِي
لِتُبَاعَانِّ	بِيعَانِّ	لِتُبَاعَا	بِيعَا
لِتُبَعْنَانِّ	بِعْنَانِّ	لِتُبَعْنَ	بِعْنَ
لِأُبَاعَنَّ	لِأَبِيعَنَّ	لِأُبَعْ	لِأَبِعْ
لِنُبَاعَنَّ	لِنَبِيعَنَّ	لِنُبَعْ	لِنَبِعْ

الأمر المعروف مع النون الخفيفة : لِيَبِيعَنْ ، لِيَبِيعُنْ ، لِتَبِيعَنْ ، بِيعَنْ ، بِيعُنْ ، بِيعِنْ ، لِأَبِيعَنْ ، لِنَبِيعَنْ

الأمر المجهول مع النون الخفيفة : لِيُبَاعَنْ ، لِيُبَاعُنْ ، لِتُبَاعَنْ ، لِتُبَاعُنْ ، لِتُبَاعَنْ ، لِأُبَاعَنْ ، لِنُبَاعَنْ

النهي المجهول مع النون الثقيلة	النهي المعروف مع النون الثقيلة	النهي المجهول	النهي المعروف
لاَ يُبَاعَنَّ	لاَ يَبِيعَنَّ	لاَ يُبَعْ	لاَ يَبِعْ
لاَ يُبَاعَانِّ	لاَ يَبِيعَانِّ	لاَ يُبَاعَا	لاَ يَبِيعَا
لاَ يُبَاعُنَّ	لاَ يَبِيعُنَّ	لاَ يُبَاعُوْا	لاَ يَبِيعُوْا
لاَ تُبَاعَنَّ	لاَ تَبِيعَنَّ	لاَ تُبَعْ	لاَ تَبِعْ
لاَ تُبَاعَانِّ	لاَ تَبِيعَانِّ	لاَ تُبَاعَا	لاَ تَبِيعَا
لاَ يُبَعْنَانِّ	لاَ يَبِعْنَانِّ	لاَ يُبَعْنَ	لاَ يَبِعْنَ
لاَ تُبَاعَنَّ	لاَ تَبِيعَنَّ	لاَ تُبَعْ	لاَ تَبِعْ
لاَ تُبَاعَانِّ	لاَ تَبِيعَانِّ	لاَ تُبَاعَا	لاَ تَبِيعَا
لاَ تُبَاعُنَّ	لاَ تَبِيعُنَّ	لاَ تُبَاعُوْا	لاَ تَبِيعُوْا
لاَ تُبَاعِنَّ	لاَ تَبِيعِنَّ	لاَ تُبَاعِيْ	لاَ تَبِيعِيْ
لاَ تُبَاعَانِّ	لاَ تَبِيعَانِّ	لاَ تُبَاعَا	لاَ تَبِيعَا
لاَ تُبَعْنَانِّ	لاَ تَبِعْنَانِّ	لاَ تُبَعْنَ	لاَ تَبِعْنَ
لاَ أُبَاعَنَّ	لاَ أَبِيعَنَّ	لاَ أُبَعْ	لاَ أَبِعْ
لاَ نُبَاعَنَّ	لاَ نَبِيعَنَّ	لاَ نُبَعْ	لاَ نَبِعْ

النهي المعروف مع النون الخفيفة : لاَ يَبِيعَنْ ، لاَ يَبِيعُنْ ، لاَ تَبِيعَنْ ،لاَ تَبِيعُنْ ، لاَ تَبِيعِنْ ، لاَ أَبِيعَنْ ، لاَ نَبِيعَنْ

النهي المجهول مع النون الخفيفة : لاَ يُبَاعَنْ ، لاَ يُبَاعُنْ ، لاَ تُبَاعَنْ ، لاَ تُبَاعُنْ ، لاَ تُبَاعِنْ ، لاَ أُبَاعَنْ ، لاَنُبَاعَنْ

اسم الآلة	اسم الظرف	اسم المفعول	اسم الفاعل
مَبِيْعٌ	مَبِيْعٌ	مَبِيْعٌ	بَائِعٌ
مِبْيَعَان	مَبِيْعَان	مَبِيْعَان	بَائِعَان
مَبَايِعُ	مَبَايِعُ	مَبِيْعُوْنَ	بَائِعُوْنَ
مِبْيَعَةٌ		مَبِيْعَةٌ	بَائِعَةٌ
مِبْيَعَتَان		مَبِيْعَتَان	بَائِعَتَان
مَبَايِعُ		مَبِيْعَاتٌ	بَائِعَاتٌ
مِبْيَاعٌ			
مِبْيَاعَان			
مَبَايِيْعُ			

Analysis

(1) Rule no. 7.1 applies to all the words from (بَــاعَ) till (بِعْنَا).

(2) Rule no. 9 applies to all the words of (الماضي المجهول).

(3) In the (المضارع المعروف), rule no. 8 has been applied.

(4) Rule no. 17 applies to the (اسم الفاعل).

أجوف واوي من باب سَمِعَ — اَلْخَوْفُ

خَافَ يَخَافُ خَوْفاً فَهُوَ خَائِفٌ وَ خِيْفَ يُخَافُ خَوْفاً فَهُوَ مَخُوْفٌ اَلْأَمْرُ مِنْهُ خَفْ وَالنَّهْيُ عَنْهُ لاَ تَخَفْ الظَّرْفُ مِنْهُ مَخَافٌ

أجوف يائي من باب سَمِعَ — اَلنَّيْلُ

نَالَ يَنَالُ نَيْلاً فَهُوَ نَائِلٌ وَ نِيْلَ يُنَالُ نَيْلاً فَهُوَ مَنِيْلٌ اَلْأَمْرُ مِنْهُ نَلْ وَالنَّهْيُ عَنْهُ لاَ تَنَلْ الظَّرْفُ مِنْهُ مَنَالٌ

To distinguish between the (أمــر) of (مهمــوز) in which the (همــزة) is deleted and the (أمــر) of (أجــوف), one will notice that in (أجوف), besides the (واحد مذكر) and (جمــع مؤنــث), the (عين الكلمة) remains in all the words. Examples: (قُوْلَا قُوْلُوْا قُوْلِيْ بِيْعَا بِيْعُوْا بِيْعِيْ خَافَا خَافُوْا خَافِيْ). The (عــين) returns in the words attached to (نــون ثقيلــة) and (نون خفيفة) as well. Examples: (قُوْلَنَّ بِيْعَنَّ خَافَنَّ).

However, in (مهمــوز العــين), the (عــين الكلمــة) is deleted from all the words. Examples:

(زِرَا زِرُوْا زِرِيْ ، زِرَنَّ ، سَلَا سَلُوْا سَلِيْ ، سَلَنَّ)

Hereunder follow the detailed paradigms of (خَافَ).

From the Treasures of Arabic Morphology

الأمر المعروف مع النون الثقيلة	الأمر المعروف	المضارع المجهول	المضارع المعروف	الماضي المجهول	الماضي المعروف
لِيَخَافَنَّ	لِيَخَفْ	يُخَافُ	يَخَافُ	خِيْفَ	خَافَ
لِيَخَافَانِّ	لِيَخَافَا	يُخَافَانِ	يَخَافَانِ	خِيْفَا	خَافَا
لِيَخَافُنَّ	لِيَخَافُوْ	يُخَافُوْنَ	يَخَافُوْنَ	خِيْفُوْا	خَافُوْا
لِتَخَافَنَّ	لِتَخَفْ	تُخَافُ	تَخَافُ	خِيْفَتْ	خَافَتْ
لِتَخَافَانِّ	لِتَخَافَا	تُخَافَانِ	تَخَافَانِ	خِيْفَتَا	خَافَتَا
لِيَخَفْنَانِّ	لِيَخَفْنَ	يُخَفْنَ	يَخَفْنَ	خِفْنَ	خِفْنَ
خَافَنَّ	خَفْ	تُخَافُ	تَخَافُ	خِفْتَ	خِفْتَ
خَافَانِّ	خَافَا	تُخَافَانِ	تَخَافَانِ	خِفْتُمَا	خِفْتُمَا
خَافُنَّ	خَافُوْ	تُخَافُوْنَ	تَخَافُوْنَ	خِفْتُمْ	خِفْتُمْ
خَافِنَّ	خَافِيْ	تُخَافِيْنَ	تَخَافِيْنَ	خِفْتِ	خِفْتِ
خَافَانِّ	خَافَا	تُخَافَانِ	تَخَافَانِ	خِفْتُمَا	خِفْتُمَا
خِفْنَانِّ	خِفْنَ	تُخَفْنَ	تَخَفْنَ	خِفْتُنَّ	خِفْتُنَّ
لَأَخَافَنَّ	لَأَخَفْ	أُخَافُ	أَخَافُ	خِفْتُ	خِفْتُ
لَنَخَافَنَّ	لِنَخَفْ	نُخَافُ	نَخَافُ	خِفْنَا	خِفْنَا

From the Treasures of Arabic Morphology

أجوف واوي من باب إفتعال — اَلْإِقْتِيَادُ

إِقْتَادَ يَقْتَادُ إِقْتِيَاداً فَهُوَ مُقْتَادٌ وَ أُقْتِيْدَ يُقْتَادُ إِقْتِيَاداً فَهُوَ مُقْتَادٌ اَلْأَمْرُ مِنْهُ إِقْتَدْ وَالنَّهْيُ عَنْهُ لاَ تَقْتَدْ الظَّرْفُ مِنْهُ مُقْتَادٌ

Analysis

(1) The forms of the (اسم المفعول) and (اسم الفاعل) have become the same, namely (مُقْتَادٌ). However, the original form of each word is different. The (اسم الفاعل) was (مُقْتَوِدٌ) while the (اسم المفعول) was (مُقْتَوَدٌ). Note that the (اسم الظرف) is also the same as the (اسم المفعول) as in all other (أبواب) of (غير ثلاثي مجرد).

(2) The verbs of the perfect tense (الماضي) in the form of (جمع مذكر غائب) and (تثنية مذكر غائب) are the same as the (جمع مذكر حاضر) and (تثنية مذكر حاضر) of the imperative (أمر), that is (إِقْتَادَا) and (إِقْتَادُوْا). However, the originals of the (الماضي) were (إِقْتَوَدَا) and (إِقْتَوَدُوْا) while the originals of the (أمر) were (إِقْتَوِدَا) and (إِقْتَوِدُوْا). The (أمر) is constructed from the (مضارع) which is (تَقْتَوِدَانِ). Therefore the (و) is (مكسور).

أجوف يائي من باب إفتعال — اَلْإِخْتِيَارُ

إِخْتَارَ يَخْتَارُ إِخْتِيَاراً فَهُوَ مُخْتَارٌ وَ أُخْتِيرَ يُخْتَارُ إِخْتِيَاراً فَهُوَ مُخْتَارٌ اَلْأَمْرُ مِنْهُ إِخْتَرْ وَالنَّهْيُ عَنْهُ لاَ تَخْتَرْ الظَّرْفُ مِنْهُ مُخْتَارٌ

This (باب) is similar to (إِقْتَادَ) – (أجوف واوي).

أجوف واوي من باب إستفعال — اَلْإِسْتِقَامَةُ

إِسْتَقَامَ يَسْتَقِيمُ إِسْتِقَامَةً فَهُوَ مُسْتَقِيمٌ وَ أُسْتُقِيمَ يُسْتَقَامُ إِسْتِقَامَةً فَهُوَ مُسْتَقَامٌ اَلْأَمْرُ مِنْهُ إِسْتَقِمْ وَالنَّهْيُ عَنْهُ لاَ تَسْتَقِمْ الظَّرْفُ مِنْهُ مُسْتَقَامٌ

Analysis

(1) The word (إِسْــتَقْوَمَ) was originally (إِسْــتَقَامَ). Rule no. 8 is applied and it changes to (إِسْتَقَامَ).

(2) Rule no.8 and rule no. 3 have been applied to (يَسْــتَقِيمُ) which was originally (يَسْتَقْوِمُ).

(3) The word (إِسْــتِقْوَامًا) has been changed due to rule no. 8 to (إِسْتِقَامَةً).

(4) The change in (مُسْتَقِيمٌ) is similar to that of (يَسْتَقِيمُ).

(5) The (عــين الكلمــة) is deleted from the (أمــر), (هــي) and (مضارع مجزوم), e.g. (إِسْتَقِمْ، لاَ تَسْتَقِمْ، لَمْ يَسْتَقِمْ).

(6) When (نُون خَفِيفَــة) or (نُون ثَقِيلَة) is attached to the (أَمــر) or (نَهِي), the deleted letter returns, e.g. (إِسْتَقِيْمَنَّ ، لاَ تَسْتَقِيْمَنَّ).

أَجْوف يائي مِن باب إستفعال — اَلْإِسْتِخَارَةُ

إِسْتَخَارَ يَسْتَخِيرُ إِسْتِخَارَةً فَهُوَ مُسْتَخِيرٌ وَ أُسْتُخِيرَ يُسْتَخَارُ إِسْتِخَارَةً فَهُوَ مُسْتَخَارٌ اَلْأَمْرُ مِنْهُ إِسْتَخِرْ وَالنَّهْيُ عَنْهُ لاَ تَسْتَخِرْ الظَّرْفُ مِنْهُ مُسْتَخَارٌ

This (باب) is similar to (إِسْتَقَامَ).

أَجْوف واوي مِن باب إفعال — اَلْإِقَامَةُ

أَقَامَ يُقِيمُ إِقَامَةً فَهُوَ مُقِيمٌ وَ أُقِيمَ يُقَامُ إِقَامَةً فَهُوَ مُقَامٌ اَلْأَمْرُ مِنْهُ أَقِمْ وَالنَّهْيُ عَنْهُ لاَ تُقِمْ الظَّرْفُ مِنْهُ مُقَامٌ

The changes of this (باب) are similar to those of (إِسْتَقَامَ).

Exercise 47

(a) List the detailed paradigms (الصَّرف الكبير) of the following verbs:

(1) دَانَ يَدِيْنُ
(2) زَاغَ يَزِيْغُ
(3) رَابَ يَرِيْبُ
(4) جَاشَ يَجِيْشُ
(5) فَاضَ يَفِيْضُ

(b) Name the word-forms (صِيَغ) of the following verbs:

(1) تَمَيَّزُوْا
(2) لَنْ يَتَقَايَضْنَ
(3) لَمْ تَسْتَفِيْضُوْا
(4) لَتَجِيْشِنَّ
(5) رِيْبِيْ

The Paradigms of (ناقص) and (لفيف)

ناقص واوي من باب نَصَرَ ــ اَلدُّعَاءُ وَالدَّعْوَةُ

دَعَا يَدْعُوْ دُعَاءً فَهُوَ دَاعٍ وَدُعِيَ يُدْعَى دُعَاءً فَهُوَ مَدْعُوٌّ اَلْأَمْرُ مِنْهُ أُدْعُ وَالنَّهْيُ عَنْهُ لاَ تَدْعُ الظَّرْفُ مِنْهُ مَدْعًى مَدْعَيَانِ مَدَاعٍ وَالْآلَةُ مِنْهُ مِدْعًى مِدْعَيَانِ مَدَاعٍ مِدْعَاةٌ مِدْعَيَانِ مَدَاعٍ مِدْعَاءٌ مِدْعَايَانِ مَدَاعِيٌّ وَأَفْعَلُ التَّفْضِيْلِ مِنْهُ أَدْعَى أَدْعَيَانِ أَدَاعٍ وَأَدْعَوْنَ وَالْمُؤَنَّثُ مِنْهُ دُعْيَى دُعْيَيَانِ دُعًّى وَ دُعْيَيَاتٌ

Analysis of the changes

(1) The verbs of (ناقص يائي) and (أجوف يائي) do not come on the (باب) of (نصر).

(2) The (و) in the (اسم الظرف) – (مَدْعَيٍ) and in the (الآلة) – (مِدْعَيٍ) is deleted due to rule no. 7. If these words are used with (أل) or as a (مضاف), the (الف) is retained, e.g. (اَلْمَدْعَى وَالْمِدْعَى وَمَدْعَاكُمْ وَ مِدْعَاكُمْ).

(3) The (و) in the word (مِدْعَاءٌ) has changed to (همزة) as in the (مصدر).

(4) In the plural of the (اسم الظرف) – (مَدَاعٍ) and the

plural of the (اســـم التفضــيل) – (أَدَاعٍ), rule no. 25 has been applied.

(5) In the word (مَــدَاعِيُّ) which is the plural of the (اســم الآلة), the (و) has changed to a (ي) due to rule no. 20.

(6) Rule no. 26 has been applied to (دُعْيَى).

(7) In the words (دُعْيَيَــان) and (دُعْيَيَــاتٌ), the (الــف) has changed to a (ي) due to rule no. 22. This applies to all the words which are (تثنية مؤنــث) of the (اســم التفضــيل) and the (جمع مؤنث ســالم) of the (اســم التفضــيل), whether the words are (صحيح), (ناقص) or (معتلّ).

242

From the Treasures of Arabic Morphology

تأكيد النفي مع لن ، مجهول	تأكيد النفي مع لن ، معروف	المضارع المجهول	المضارع المعروف	الماضي المجهول	الماضي المعروف
لَنْ يُدْعَى	لَنْ يَدْعُوَ	يُدْعَى	يَدْعُوْ	دُعِيَ	دَعَا
لَنْ يُدْعَيَا	لَنْ يَدْعُوَا	يُدْعَيَانِ	يَدْعُوَانِ	دُعِيَا	دَعَوَا
لَنْ يُدْعَوْا	لَنْ يَدْعُوْنَ	يُدْعَوْنَ	يَدْعُوْنَ	دُعُوْا	دَعَوْا
لَنْ تُدْعَى	لَنْ تَدْعُوَ	تُدْعَى	تَدْعُوْ	دُعِيَتْ	دَعَتْ
لَنْ تُدْعَيَا	لَنْ تَدْعُوَا	تُدْعَيَانِ	تَدْعُوَانِ	دُعِيَتَا	دَعَتَا
لَنْ يُدْعَيْنَ	لَنْ يَدْعُوْنَ	يُدْعَيْنَ	يَدْعُوْنَ	دُعِيْنَ	دَعَوْنَ
لَنْ تُدْعَى	لَنْ تَدْعُوَ	تُدْعَى	تَدْعُوْ	دُعِيْتَ	دَعَوْتَ
لَنْ تُدْعَيَا	لَنْ تَدْعُوَا	تُدْعَيَانِ	تَدْعُوَانِ	دُعِيْتُمَا	دَعَوْتُمَا
لَنْ تُدْعَوْا	لَنْ تَدْعُوْ	تُدْعَوْنَ	تَدْعُوْنَ	دُعِيْتُمْ	دَعَوْتُمْ
لَنْ تُدْعَيْ	لَنْ تَدْعِيْ	تُدْعَيْنَ	تَدْعِيْنَ	دُعِيْتِ	دَعَوْتِ
لَنْ تُدْعَيَا	لَنْ تَدْعُوَا	تُدْعَيَانِ	تَدْعُوَانِ	دُعِيْتُمَا	دَعَوْتُمَا
لَنْ تُدْعَيْنَ	لَنْ تَدْعُوْنَ	تُدْعَيْنَ	تَدْعُوْنَ	دُعِيْتُنَّ	دَعَوْتُنَّ
لَنْ أُدْعَى	لَنْ أَدْعُوَ	أُدْعَى	أَدْعُوْ	دُعِيْتُ	دَعَوْتُ
لَنْ نُدْعَى	لَنْ نَدْعُوَ	نُدْعَى	نَدْعُوْ	دُعِيْنَا	دَعَوْنَا

المضارع المجهول مع النون الثقيلة	المضارع المعروف مع النون الثقيلة	النفي مع لم ، المجهول	النفي مع لم ، المعروف
لَيُدْعَيَنَّ	لَيَدْعُوَنَّ	لَمْ يُدْعَ	لَمْ يَدْعُ
لَيُدْعَيَانِّ	لَيَدْعُوَانِّ	لَمْ يُدْعَيَا	لَمْ يَدْعُوَا
لَيُدْعَوُنَّ	لَيَدْعُنَّ	لَمْ يُدْعَوْ	لَمْ يَدْعُوْ
لَتُدْعَيَنَّ	لَتَدْعُوَنَّ	لَمْ تُدْعَ	لَمْ تَدْعُ
لَتُدْعَيَانِّ	لَتَدْعُوَانِّ	لَمْ تُدْعَيَا	لَمْ تَدْعُوَا
لَيُدْعَيْنَانِّ	لَيَدْعُوْنَانِّ	لَمْ يُدْعَيْنَ	لَمْ يَدْعُوْنَ
لَتُدْعَيَنَّ	لَتَدْعُوَنَّ	لَمْ تُدْعَ	لَمْ تَدْعُ
لَتُدْعَيَانِّ	لَتَدْعُوَانِّ	لَمْ تُدْعَيَا	لَمْ تَدْعُوَا
لَتُدْعَوُنَّ	لَتَدْعُنَّ	لَمْ تُدْعَوْ	لَمْ تَدْعُوْ
لَتُدْعَيِنَّ	لَتَدْعِنَّ	لَمْ تُدْعَيْ	لَمْ تَدْعِي
لَتُدْعَيَانِّ	لَتَدْعُوَانِّ	لَمْ تُدْعَيَا	لَمْ تَدْعُوَا
لَتُدْعَيْنَانِّ	لَتَدْعُوْنَانِّ	لَمْ تُدْعَيْنَ	لَمْ تَدْعُوْنَ
لَأُدْعَيَنَّ	لَأَدْعُوَنَّ	لَمْ أُدْعَ	لَمْ أَدْعُ
لَنُدْعَيَنَّ	لَنَدْعُوَنَّ	لَمْ نُدْعَ	لَمْ نَدْعُ

المضارع المعروف مع النون الخفيفة : لَيَدْعُوَنْ ، لَيَدْعُنْ ، لَتَدْعُوَنْ ، لَتَدْعُنْ ، لَتَدْعِنْ ، لَأَدْعُوَنْ ، لَنَدْعُوَنْ

المضارع المجهول مع النون الخفيفة : لَيُدْعَيَنْ ، لَيُدْعَوَنْ ، لَتُدْعَيَنْ ، لَتُدْعَوَنْ ، لَتُدْعَيَنْ ، لَأُدْعَيَنْ ، لَنُدْعَيَنْ

الأمر المجهول مع النون الثقيلة	الأمر المعروف مع النون الثقيلة	الأمر المجهول	الأمر المعروف
لَيُدْعَيَنَّ	لَيَدْعُوَنَّ	لَيُدْعَ	لَيَدْعُ
لَيُدْعَيَانِّ	لَيَدْعُوَانِّ	لَيُدْعَيَا	لَيَدْعُوَا
لَيُدْعَوُنَّ	لَيَدْعُنَّ	لَيُدْعَوْ	لَيَدْعُوْ
لَتُدْعَيَنَّ	لَتَدْعُوَنَّ	لَتُدْعَ	لَتَدْعُ
لَتُدْعَيَانِّ	لَتَدْعُوَانِّ	لَتُدْعَيَا	لَتَدْعُوَا
لَيُدْعَيْنَانِّ	لَيَدْعُوْنَانِّ	لَيُدْعَيْنَ	لَيَدْعُوْنَ
لَتُدْعَيَنَّ	أُدْعُوَنَّ	لَتُدْعَ	أُدْعُ
لَتُدْعَيَانِّ	أُدْعُوَانِّ	لَتُدْعَيَا	أُدْعُوَا
لَتُدْعَوُنَّ	أُدْعُنَّ	لَتُدْعَوْ	أُدْعُوْ
لَتُدْعَيَنَّ	أُدْعِنَّ	لَتُدْعَيْ	أُدْعِيْ
لَتُدْعَيَانِّ	أُدْعُوَانِّ	لَتُدْعَيَا	أُدْعُوَا
لَتُدْعَيْنَانِّ	أُدْعُوْنَانِّ	لَتُدْعَيْنَ	أُدْعُوْنَ
لَأُدْعَيَنَّ	لَأَدْعُوَنَّ	لَأُدْعَ	لَأَدْعُ
لَنُدْعَيَنَّ	لَنَدْعُوَنَّ	لَنُدْعَ	لَنَدْعُ

الأمر المعروف مع النون الخفيفة : لَيَدْعُوَنْ ، لَيَدْعُنْ ، لَتَدْعُوَنْ ، أُدْعُوَنْ ، أُدْعُنْ ، أُدْعِنْ ، لَأَدْعُوَنْ ، لَنَدْعُوَنْ

الأمر المجهول مع النون الخفيفة : لَيُدْعَيَنْ ، لَيُدْعَوُنْ ، لَتُدْعَيَنْ ، لَتُدْعَوُنْ ، لَتُدْعَيَنْ ، لَأُدْعَيَنْ ، لَنُدْعَيَنْ

النهي المجهول مع النون الثقيلة	النهي المعروف مع النون الثقيلة	النهي المجهول	النهي المعروف
لاَ يُدْعَيَنَّ	لاَ يَدْعُوَنَّ	لاَ يُدْعَ	لاَ يَدْعُ
لاَ يُدْعَيَانِّ	لاَ يَدْعُوَانِّ	لاَ يُدْعَيَا	لاَ يَدْعُوَا
لاَ يُدْعَوُنَّ	لاَ يَدْعُنَّ	لاَ يُدْعَوْ	لاَ يَدْعُوْ
لاَ تُدْعَيَنَّ	لاَ تَدْعُوَنَّ	لاَ تُدْعَ	لاَ تَدْعُ
لاَ تُدْعَيَانِّ	لاَ تَدْعُوَانِّ	لاَ تُدْعَيَا	لاَ تَدْعُوَا
لاَ يُدْعَيْنَانِّ	لاَ يَدْعُوَنَانِّ	لاَ يُدْعَيْنَ	لاَ يَدْعُوْنَ
لاَ تُدْعَيَنَّ	لاَ تَدْعُوَنَّ	لاَ تُدْعَ	لاَ تَدْعُ
لاَ تُدْعَيَانِّ	لاَ تَدْعُوَانِّ	لاَ تُدْعَيَا	لاَ تَدْعُوَا
لاَ تُدْعَوُنَّ	لاَ تَدْعُنَّ	لاَ تُدْعَوْ	لاَ تَدْعُوْ
لاَ تُدْعَيِنَّ	لاَ تَدْعِنَّ	لاَ تُدْعَيْ	لاَ تَدْعِي
لاَ تُدْعَيَانِّ	لاَ تَدْعُوَانِّ	لاَ تُدْعَيَا	لاَ تَدْعُوَا
لاَ تُدْعَيْنَانِّ	لاَ تَدْعُوَنَانِّ	لاَ تُدْعَيْنَ	لاَ تَدْعُوْنَ
لاَ أُدْعَيَنَّ	لاَ أَدْعُوَنَّ	لاَ أُدْعَ	لاَ أَدْعُ
لاَ نُدْعَيَنَّ	لاَ نَدْعُوَنَّ	لاَ نُدْعَ	لاَ نَدْعُ

النهي المعروف مع النون الخفيفة : لاَ يَدْعُوَنْ ، لاَ يَدْعُنْ ، لاَ تَدْعُوَنْ ، لاَ تَدْعُوَنْ ، لاَ تَدْعُنْ ، لاَ تَدْعِنْ ، لاَ أَدْعُوَنْ ، لاَ نَدْعُوَنْ

النهي المجهول مع النون الخفيفة : لاَ يُدْعَيَنْ ، لاَ يُدْعَوُنْ ، لاَ تُدْعَيَنْ ، لاَ تُدْعَيَنْ ، لاَ تُدْعَوُنْ ، لاَ تُدْعَيِنْ ، لاَ أُدْعَيَنْ ، لاَ نُدْعَيَنْ

اسم الآلة	اسم الظرف	اسم المفعول	اسم الفاعل
مُدَّعًى	مَدْعًى	مَدْعُوٌّ	دَاعٍ
مَدْعَيَانِ	مَدْعَيَانِ	مَدْعُوَّانِ	دَاعِيَانِ
مَدَاعٍ	مَدَاعٍ	مَدْعُوُّوْنَ	دَاعُوْنَ
مِدْعَاةٌ		مَدْعُوَّةٌ	دَاعِيَةٌ
مِدْعَاتَانِ		مَدْعُوَّتَانِ	دَاعِيَتَانِ
مَدَاعٍ		مَدْعُوَّاتٌ	دَاعِيَاتٌ
مِدْعَاءٌ			
مِدْعَاءَانِ			
مَدَاعِيُّ			

Analysis

(1) Rule no. 7 has been applied to (دَعَا).

(2) If an (الــف) is changed from a (و), it is written in the form of an (الــف), e.g. (دَعَــا). If the (الــف) is changed from a (ي), it is written in the form of an (ي), e.g. (رَمٰي).

(3) If an (الــف) is deleted due to (إجتمــاع الســاكنين) or (تنــوين), if (اَلْ) is attached or the word is (مضــاف), the

(الــف) will be written in the form of a (ي) in all three cases (حالة الرفع والنصب والجــر), e.g. If the word (مَــدْعَّي) has (اَلْ) attached to it or it is (مضــاف), the (الــف) will be written in the form of a (ي) e.g. (هـــذا الْمَــدْعَي وَ مَــدْعَيْكُمْ), (مَــرَرْتُ بِالْمَــدْعَي وَ) and (رَأَيْــتُ الْمَــدْعَي وَ مَــدْعَيْكُمْ مَــدْعَيْكُمْ). According to the grammarian, Sībawayh, in (حالــة النصــب), the (الــف مقصــورة) will be written in the form of an (الف), e.g. (رَأَيْتُ مَدْعَاكُمْ).

(4) In the dual form (دَعَـــوَا), the (و) remains unchanged because it appears before the (الف) of (تثنية).

(5) From (دَعَــوْنَ) till the end, all the words are in their original form.

(6) In the (الماضــي المجهــول), rule no. 11 has been applied to all the words whereby the (و) changes to (ي). In the word (دُعُوْ), the (ي) is deleted.

(7) In words like (يَــدْعُوْ), the (و) has become (ســاكن) due to rule no. 10.1. In (يَــدْعُوْنَ), (تَــدْعُوْنَ) and (تَــدْعِيْنَ), the (و) is deleted due to rule no. 10.2 and 10.3. Besides the (جمــع مؤنــث) and all the forms of (تثنيــة), all the remaining words

are unchanged.

(8) The plural masculine word-forms are the same for the masculine and feminine, namely (يَدْعُوْنَ) and (تَدْعُوْنَ).

(9) In the (المضارع المجهول), the (و) has changed to (ي) due to rule no. 20, e.g. (يُدْعَى).

(10) The (جمع مؤنث حاضر) and (واحد مؤنث حاضر) have the same word-forms, namely (تُدْعَيْنَ). However, the original form of the (واحد مؤنث حاضر) was (تُدْعَوِيْنَ) while the original form of the (جمع مؤنث حاضر) was (تُدْعَوْنَ).

(11) In words like (لَنْ يُدْعَى), due to the (الف) at the end, the effect of the (لَنْ) is not visible.

(12) If at the time of (إجتماع الساكنين), the first sâkin letter is a (مدة), it is deleted. If it is not a (مدة), the (و) is rendered a (ضمة) and the (ي) a (كسرة), e.g. (لَيُدْعَوُنَّ) and (لَتُدْعَيِنَّ).

(13) Rule no. 11 has been applied to all the words of (اسم الفاعل). Rule no. 10 applies to (دَاعٍ). The rules of (الإسم المنقوص) mentioned previously apply to it.

(14) Only (إدغام) has been applied to the (اسم المفعول).

Exercise 48

(a) List the detailed paradigms (الصَّرف الكَبير) of the following verbs:

(1) سَمَا يَسْمُوْ
(2) سَهُوَ يَسْهُوْ
(3) عَفَا يَعْفُوْ
(4) بَلاَ يَبْلُوْ
(5) خَلاَ يَخْلُوْ

(b) Name the word-forms (صِيَغ) of the following verbs:

(1) تَسَامىٰ
(2) لَنْ أَسْتَعْفِيَ
(3) لَمْ تُخَلِّ
(4) لَنَبْتَلِيَنَّ
(5) أَقِمْنَ

ناقص يائي من باب ضَرَبَ — اَلرَّمْيُ

رَمٰى يَرْمِيْ رَمْيًا فَهُوَ رَامٍ وَرَمِيَ يُرْمٰى رَمْيًا فَهُوَ مَرْمِيٌّ اَلْأَمْرُ مِنْهُ إِرْمِ وَالنَّهْيُ عَنْهُ لاَ تَرْمِ الظَّرْفُ مِنْهُ مَرْمًى مَرْمَيَانِ مَرَامٍ وَالْآلَةُ مِنْهُ مِرْمًى مِرْمَيَانِ مَرَامٍ مِرْمَاةٌ مِرْمَاتَانِ مَرَامٍ وَ مِرْمَاءُ مِرْمَايَانِ مَرَامِيُّ وَأَفْعَلُ التَّفْضِيْلِ مِنْهُ أَرْمٰى أَرْمَيَانِ أَرَامٍ وَ أَرْمُوْنَ وَالْمُؤَنَّثُ مِنْهُ رُمْيٰى رُمْيَيَانِ رُمًى وَرُمْيَيَاتٌ

Hereunder follow the detailed paradigms of this verb.

From the Treasures of Arabic Morphology

تأكيد النفي مع لن ، مجهول	تأكيد النفي مع لن ، معروف	المضارع المجهول	المضارع المعروف	الماضي المجهول	الماضي المعروف
لَنْ يُرْمَى	لَنْ يَرْمِيَ	يُرْمَى	يَرْمِيْ	رُمِيَ	رَمَى
لَنْ يُرْمَيَا	لَنْ يَرْمِيَا	يُرْمَيَان	يَرْمِيَان	رُمِيَا	رَمَيَا
لَنْ يُرْمَوْ	لَنْ يُرْمَوْ	يُرْمُوْنَ	يَرْمُوْنَ	رُمُوْا	رَمَوْا
لَنْ تُرْمَى	لَنْ تَرْمِيَ	تُرْمَى	تَرْمِيْ	رُمِيَتْ	رَمَتْ
لَنْ تُرْمَيَا	لَنْ تَرْمِيَا	تُرْمَيَان	تَرْمِيَا	رُمِيَتَا	رَمَتَا
لَنْ يُرْمَيْنَ	لَنْ يَرْمِيْنَ	يُرْمَيْنَ	يَرْمِيْنَ	رُمِيْنَ	رَمَيْنَ
لَنْ تُرْمَى	لَنْ تَرْمِيَ	تُرْمَى	تَرْمِيْ	رُمِيْتَ	رَمَيْتَ
لَنْ تُرْمَيَا	لَنْ تَرْمِيَا	تُرْمَيَان	تَرْمِيَان	رُمِيْتُمَا	رَمَيْتُمَا
لَنْ تُرْمَوْا	لَنْ تَرْمَوْ	تُرْمُوْنَ	تَرْمُوْنَ	رُمِيْتُمْ	رَمَيْتُمْ
لَنْ تُرْمَيْ	لَنْ تَرْمِيْ	تُرْمَيْنَ	تَرْمِيْنَ	رُمِيْتِ	رَمَيْتِ
لَنْ تُرْمَيَا	لَنْ تَرْمِيَا	تُرْمَيَان	تَرْمِيَان	رُمِيْتُمَا	رَمَيْتُمَا
لَنْ تُرْمَيْنَ	لَنْ تَرْمِيْنَ	تُرْمَيْنَ	تَرْمِيْنَ	رُمِيْتُنَّ	رَمَيْتُنَّ
لَنْ أُرْمَى	لَنْ أَرْمِيَ	أُرْمَى	أَرْمِيْ	رُمِيْتُ	رَمَيْتُ
لَنْ تُرْمَى	لَنْ نَرْمِيَ	نُرْمَى	نَرْمِيْ	رُمِيْنَا	رَمَيْنَا

المضارع المجهول مع النون الثقيلة	المضارع المعروف مع النون الثقيلة	النفي مع لم ، المجهول	النفي مع لم ، المعروف
لَيُرْمَيَنَّ	لَيَرْمِيَنَّ	لَمْ يُرْمَ	لَمْ يَرْمِ
لَيُرْمَيَانِّ	لَيَرْمِيَانِّ	لَمْ يُرْمَيَا	لَمْ يَرْمِيَا
لَيُرْمَوُنَّ	لَيَرْمُنَّ	لَمْ يُرْمَوْ	لَمْ يَرْمُوْ
لَتُرْمَيَنَّ	لَتَرْمِيَنَّ	لَمْ تُرْمَ	لَمْ تَرْمِ
لَتُرْمَيَانِّ	لَتَرْمِيَانِّ	لَمْ تُرْمَيَا	لَمْ تَرْمِيَا
لَيُرْمَيْنَانِّ	لَيَرْمِيْنَانِّ	لَمْ يُرْمَيْنَ	لَمْ يَرْمِيْنَ
لَتُرْمَيَنَّ	لَتَرْمِنَّ	لَمْ تُرْمَ	لَمْ تَرْمِ
لَتُرْمَيَانِّ	لَتَرْمِيَانِّ	لَمْ تُرْمَيَا	لَمْ تَرْمِيَا
لَتُرْمَوُنَّ	لَتَرْمُنَّ	لَمْ تُرْمَوْ	لَمْ تَرْمُوْ
لَتُرْمَيِنَّ	لَتَرْمِنَّ	لَمْ تُرْمِي	لَمْ تَرْمِي
لَتُرْمَيَانِّ	لَتَرْمِيَانِّ	لَمْ تُرْمَيَا	لَمْ تَرْمِيَا
لَتُرْمَيْنَانِّ	لَتَرْمِيْنَانِّ	لَمْ تُرْمَيْنَ	لَمْ تَرْمِيْنَ
لَأُرْمَيَنَّ	لَأَرْمِيَنَّ	لَمْ أُرْمَ	لَمْ أَرْمِ
لَنُرْمَيَنَّ	لَنَرْمِيَنَّ	لَمْ نُرْمَ	لَمْ نَرْمِ

المضارع المعروف مع النون الخفيفة : لَيَرْمِيَنْ ، لَيَرْمُنْ ، لَتَرْمِيَنْ ، لَتَرْمِيَنْ ، لَتَرْمُنْ ، لَتَرْمِنْ ، لَأَرْمِيَنْ ، لَنَرْمِيَنْ

المضارع المجهول مع النون الخفيفة : لَيُرْمَيَنْ ، لَيُرْمَوُنْ ، لَتُرْمَيَنْ ، لَتُرْمَوُنْ ، لَتُرْمَيَنْ ، لَأُرْمَيَنْ ، لَنُرْمَيَنْ

الأمر المجهول مع النون الثقيلة	الأمر المعروف مع النون الثقيلة	الأمر المجهول	الأمر المعروف
لِيُرْمَيَنَّ	لِيَرْمِيَنَّ	لِيُرْمَ	لِيَرْمِ
لِيُرْمَيَانِّ	لِيَرْمِيَانِّ	لِيُرْمَيَا	لِيَرْمِيَا
لِيُرْمَوُنَّ	لِيَرْمُنَّ	لِيُرْمَوْ	لِيَرْمُوْ
لِتُرْمَيَنَّ	لِتَرْمِيَنَّ	لِتُرْمَ	لِتَرْمِ
لِتُرْمَيَانِّ	لِتَرْمِيَانِّ	لِتُرْمَيَا	لِتَرْمِيَا
لِيُرْمَيْنَانِّ	لِيَرْمِيْنَانِّ	لِيُرْمَيْنَ	لِيَرْمِيْنَ
لِتُرْمَيَنَّ	إِرْمِيَنَّ	لِتُرْمَ	إِرْمِ
لِتُرْمَيَانِّ	إِرْمِيَانِّ	لِتُرْمَيَا	إِرْمِيَا
لِتُرْمَوُنَّ	إِرْمُنَّ	لِتُرْمَوْ	إِرْمُوْ
لِتُرْمَيَنَّ	إِرْمِنَّ	لِتُرْمَيْ	إِرْمِيْ
لِتُرْمَيَانِّ	إِرْمِيَانِّ	لِتُرْمَيَا	إِرْمِيَا
لِتُرْمَيْنَانِّ	إِرْمِيْنَانِّ	لِتُرْمَيْنَ	إِرْمِيْنَ
لَأُرْمَيَنَّ	لَأَرْمِيَنَّ	لَأُرْمَ	لَأَرْمِ
لَنُرْمَيَنَّ	لَنَرْمِيَنَّ	لَنُرْمَ	لَنَرْمِ

الأمر المعروف مع النون الخفيفة : لِيَرْمِيَنْ ، لِيَرْمُنْ ، لِتَرْمِيَنْ ، إِرْمِيَنْ ، إِرْمُنْ ، إِرْمِنْ ، لَأَرْمِيَنْ ، لَنَرْمِيَنْ

الأمر المجهول مع النون الخفيفة : لِيُرْمَيَنْ ، لِيُرْمُنْ ، لِتُرْمَيَنْ ، لِتُرْمُنْ ، لِتُرْمَيَنْ ، لَأُرْمَيَنْ ، لَنُرْمَيَنْ

النهي المجهول مع النون الثقيلة	النهي المعروف مع النون الثقيلة	النهي المجهول	النهي المعروف
لاَ يُرْمَيَنَّ	لاَ يَرْمَيَنَّ	لاَ يُرْمَ	لاَ يَرْمِ
لاَ يُرْمَيَانِّ	لاَ يَرْمَيَانِّ	لاَ يُرْمَيَا	لاَ يَرْمِيَا
لاَ يُرْمَوُنَّ	لاَ يَرْمُنَّ	لاَ يُرْمَوْ	لاَ يَرْمُوْ
لاَ تُرْمَيَنَّ	لاَ تَرْمَيَنَّ	لاَ تُرْمَ	لاَ تَرْمِ
لاَ تُرْمَيَانِّ	لاَ تَرْمَيَانِّ	لاَ تُرْمَيَا	لاَ تَرْمِيَا
لاَ يُرْمَيْنَانِّ	لاَ يَرْمِيْنَانِّ	لاَ يُرْمَيْنَ	لاَ يَرْمِيْنَ
لاَ تُرْمَيَنَّ	لاَ تَرْمِنَّ	لاَ تُرْمَ	لاَ تَرْمِ
لاَ تُرْمَيَانِّ	لاَ تَرْمَيَانِّ	لاَ تُرْمَيَا	لاَ تَرْمِيَا
لاَ تُرْمَوُنَّ	لاَ تَرْمُنَّ	لاَ تُرْمَوْ	لاَ تَرْمُوْ
لاَ تُرْمَيِنَّ	لاَ تَرْمِنَّ	لاَ تُرْمَيْ	لاَ تَرْمِيْ
لاَ تُرْمَيَانِّ	لاَ تَرْمَيَانِّ	لاَ تُرْمَيَا	لاَ تَرْمِيَا
لاَ تُرْمَيْنَانِّ	لاَ تَرْمِيْنَانِّ	لاَ تُرْمَيْنَ	لاَ تَرْمِيْنَ
لاَ أُرْمَيَنَّ	لاَ أَرْمَيَنَّ	لاَ أُرْمَ	لاَ أَرْمِ
لاَ نُرْمَيَنَّ	لاَ نَرْمِيَنَّ	لاَ نُرْمَ	لاَ نَرْمِ

النهي المعروف مع النون الخفيفة : لاَ يَرْمِيَنْ ، لاَ يَرْمُنْ ، لاَ تَرْمِيَنْ ، لاَ تَرْمِيَنْ ، لاَ تَرْمُنْ ، لاَ تَرْمِنْ ، لاَ أَرْمِيَنْ ، لاَ نَرْمِيَنْ

النهي المجهول مع النون الخفيفة : لاَ يُرْمَيَنْ ، لاَ يُرْمَيَنْ ، لاَ تُرْمَوُنْ ، لاَ تُرْمَيَنْ ، لاَ تُرْمَوُنْ ، لاَ تُرْمَيَنْ ، لاَ أُرْمَيَنْ ، لاَ نُرْمَيَنْ

اسم الآلة	اسم الظرف	اسم المفعول	اسم الفاعل
مِرْمًى	مَرْمًى	مَرْمِيٌّ	رَامٍ
مِرْمَيَانِ	مَرْمَيَانِ	مَرْمِيَّانِ	رَامِيَانِ
مَرَامٍ	مَرَامٍ	مَرْمِيُّوْنَ	رَامُوْنَ
مِرْمَاةٌ		مَرْمِيَّةٌ	رَامِيَةٌ
مِرْمَاتَانِ		مَرْمِيَّتَانِ	رَامِيَتَانِ
مَرَامٍ		مَرْمِيَّاتٌ	رَامِيَاتٌ
مِرْمَاءٌ			
مِرْمَاءَانِ			
مَرَامِيٌّ			

Analysis

(1) The (اسم الظرف) - (مَرْمًى) is (مفتوح العين) if the verb is (ناقص).

(2) When the word (مَرْمًى) is used with (اَلْ) or as a (مضاف), the (الف) reverts, e.g. (اَلْمَرْمىٰ) , (مَرْمٰيكُمْ).

(3) Rule no. 25 applies to (مَرَامٍ) and (أَرَامٍ).

256

(4) Rule no. 7 has been applied to (أَرْمِــى) whereby the (ي) has changed to an (الف).

(5) In the broken plural (رُمَّــى), the (ي) was changed to an (الــف) and was thereafter deleted due to (إجتمــاع الساكنين).

(6) In the words (رَمــى) and (رَمَــوْا), the (ي) was changed to an (الف) due to rule no. 7.

(7) In the words (رَمَــتْ) and (رَمَتَــا), the (الــف) was deleted due to (إجتماع الساكنين).

(8) Rule no. 10 has been applied to (رُمُوْا).

(9) Rule no. 10 has also been applied to (تَرْمِــيْ), (يَرْمِــيْ), (تَــرْمِيْنَ), (يَرْمُــوْنَ), (تَرْمُــوْنَ), (تَرْمِــيْ), (أَرْمِيْ). After changes were made in the singular feminine second person - (تَرْمِيْنَ) – it became like the plural feminine second person.

(10) Rule no. 7 has been applied to the passive tense verbs like (يُرْمى) etc.

(11) In the word (رَامٍ), the (ي) was made sâkin and then deleted due to (إجتماع الساكنين).

(12) In the word (رَامُــوْنَ), the harakah of the (ي) was

257

transferred to the preceding letter, the (ي) was changed to (و) and then deleted.

(13) Rule no. 14 has been applied to all the words of (اسم المفعول), e.g. (مَرْمِيٌّ).

ناقص واوي من باب سَمِعَ — اَلرِّضَي وَالرِّضْوَانُ

رَضِيَ يَرْضَىٰ رِضًي فَهُوَ رَاضٍ وَرُضِيَ يُرْضَىٰ رِضًي فَهُوَ مَرْضِيٌّ اَلْأَمْرُ مِنْهُ اِرْضَ وَالنَّهْيُ عَنْهُ لاَ تَرْضَ الظَّرْفُ مِنْهُ مَرْضًى مَرْضِيَانِ مَرَاضٍ وَالْآلَةُ مِنْهُ مِرْضًى مِرْضِيَانِ مَرَاضٍ مِرْضَاةٌ مِرْضَاتَانِ مَرَاضٍ مِرْضَاءٌ مِرْضَايَانِ مَرَاضِيُّ وَأَفْعَلُ التَّفْضِيْلِ مِنْهُ أَرْضَىٰ أَرْضَيَانِ أَرْضَوْنَ وَ أَرَاضٍ وَالْمُؤَنَّثُ مِنْهُ رُضْىٰ رُضْيَيَانِ رُضًى وَرُضْيَيَاتٌ

Analysis

(1) The same changes as (دُعِيَ يُدْعَىٰ) have occurred in the active tense of this verb. The other words are affected in the same way as (دَعَا يَدْعُوْ).

(2) As an exception to the rule, the rule of (دَلِيٌّ) has been applied to the word (مَرْضِيٌّ).

ناقص يائي من باب سَمِعَ ـــ اَلْخَشْيَةُ

خَشِيَ يَخْشٰى خَشْيَةً فَهُوَ خَاشٍ وَخُشِيَ يُخْشٰى خَشْيَةً فَهُوَ مَخْشِيٌّ اَلْأَمْرُ مِنْهُ إخْشَ وَالنَّهْيُ عَنْهُ لاَ تَخْشَ مِنْهُ مَخْشًى مَخْشِيَانِ مَخَاشٍ وَالْآلَةُ مِنْهُ مِخْشًى مِخْشِيَانِ مَخَاشٍ مِخْشَاةٌ مِخْشَاتَانِ مَخَاشٍ وَ مِخْشَاءٌ مِخْشَايَانِ مَخَاشِيُّ وَأَفْعَلُ التَّفْضِيْلِ مِنْهُ أَخْشٰى أَخْشَيَانِ أَخْشَوْنَ وَ أَخَاشٍ وَالْمُؤَنَّثُ مِنْهُ خُشْيٰى خُشْيَيَانِ خُشًى وَخُشْيَيَاتٌ

The verbs of this category are very similar to those of (رَمٰى يَرْمِيْ).

Exercise 49

(a) List the detailed paradigms (الصَّرف الكَبير) of the following verbs:

(1) بَكَى يَبْكِيْ
(2) دَرَى يَدْرِيْ
(3) بَقِيَ يَبْقَى
(4) سَقَى يَسْقِيْ
(5) بَغَى يَبْغِيْ

(b) Name the word-forms (صِيَغ) of the following verbs:

(1) تَلْقَى
(2) لَنْ تَبْنِيَ
(3) لَمْ تَكْفِيْ
(4) لَتَسْعَيْنَانِّ
(5) إِمْشُوْا

لفيف مفروق من باب ضَرَبَ ــ اَلْوِقَايَةُ

وَقَى يَقِيْ وِقَايَةً وَقَايَةً فَهُوَ وَاقٍ وَوُقِيَ يُوْقَى وِقَايَةً فَهُوَ مَوْقِيٌّ اَلْأَمْرُ مِنْهُ قِ وَالنَّهْيُ عَنْهُ لَا تَقِ الظَّرْفُ مِنْهُ مَوْقًى مَوْقَيَانِ مَوَاقٍ وَالْآلَةُ مِنْهُ مِيْقًى مِيْقَيَانِ مَوَاقٍ مِيْقَاةٌ مِيْقَاتَانِ مِيْقَاتٌ مَوَاقٍ وَ مِيْقَاءٌ مِيْقَايَانِ مَوَاقٍ وَأَفْعَلُ التَّفْضِيْلِ مِنْهُ أَوْقَى أَوْقَيَانِ أَوْقَوْنَ وَ أَوَاقٍ وَالْمُؤَنَّثُ مِنْهُ وُقْىٰ وُقْيَيَانِ وُقًى وَوُقْيَيَاتٌ

In this category of verbs, the rules of (مثــال) have been applied to the (فـــاء الكلمــة) while the rules of (نــاقص) have been applied to the (عـــين الكلمــة). Most of the paradigms are similar to those of (رَمٰى يَرْمِيْ).

From the Treasures of Arabic Morphology

تأكيد النفي مع لن ، المجهول	تأكيد النفي مع لن ، المعروف	المضارع المجهول	المضارع المعروف	الماضي المجهول	الماضي المعروف
لَنْ يُوْفَىٰ	لَنْ يَقِيَ	يُوْفَىٰ	يَقِيْ	وُقِيَ	وَفَىٰ
لَنْ يُوْقَيَا	لَنْ يَقِيَا	يُوْقَيَانِ	يَقِيَانِ	وُقِيَا	وَقَيَا
لَنْ يُوْقَوْ	لَنْ يَقُوْا	يُوْقَوْنَ	يَقُوْنَ	وُقُوْا	وَقَوْا
لَنْ تُوْفَىٰ	لَنْ تَقِيَ	تُوْفَىٰ	تَقِيْ	وُقِيَتْ	وَقَتْ
لَنْ تُوْقَيَا	لَنْ تَقِيَا	تُوْقَيَانِ	تَقِيَانِ	وُقِيَتَا	وَقَتَا
لَنْ يُوْقَيْنَ	لَنْ يَقِيْنَ	يُوْقَيْنَ	يَقِيْنَ	وُقِيْنَ	وَقَيْنَ
لَنْ تُوْفَىٰ	لَنْ تَقِيَ	تُوْفَىٰ	تَقِيْ	وُقِيْتَ	وَقَيْتَ
لَنْ تُوْقَيَا	لَنْ تَقِيَا	تُوْقَيَانِ	تَقِيَانِ	وُقِيْتُمَا	وَقَيْتُمَا
لَنْ تُوْقَوْ	لَنْ تَقُوْا	تُوْقَوْنَ	تَقُوْنَ	وُقِيْتُمْ	وَقَيْتُمْ
لَنْ تُوْقَيْ	لَنْ تَقِيْ	تُوْقَيْنَ	تَقِيْنَ	وُقِيْتِ	وَقَيْتِ
لَنْ تُوْقَيَا	لَنْ تَقِيَا	تُوْقَيَانِ	تَقِيَانِ	وُقِيْتُمَا	وَقَيْتُمَا
لَنْ تُوْقَيْنَ	لَنْ تَقِيْنَ	تُوْقَيْنَ	تَقِيْنَ	وُقِيْتُنَّ	وَقَيْتُنَّ
لَنْ أُوْفَىٰ	لَنْ أَقِيَ	أُوْفَىٰ	أَقِيْ	وُقِيْتُ	وَقَيْتُ
لَنْ نُوْفَىٰ	لَنْ نَقِيَ	نُوْفَىٰ	نَقِيْ	وُقِيْنَا	وَقَيْنَا

المضارع المجهول مع النون الثقيلة	المضارع المعروف مع النون الثقيلة	النفي مع لم ، المجهول	النفي مع لم ، المعروف
لَيُوقَيَنَّ	لَيَقِيَنَّ	لَمْ يُوقَ	لَمْ يَقِ
لَيُوقَيَانِّ	لَيَقِيَانِّ	لَمْ يُوقَيَا	لَمْ يَقِيَا
لَيُوقَوُنَّ	لَيَقُنَّ	لَمْ يُوقَوْا	لَمْ يَقُوْ
لَتُوقَيَنَّ	لَتَقِيَنَّ	لَمْ تُوقَ	لَمْ تَقِ
لَتُوقَيَانِّ	لَتَقِيَانِّ	لَمْ تُوقَيَا	لَمْ تَقِيَا
لَيُوقَيْنَانِّ	لَيَقِيْنَانِّ	لَمْ يُوقَيْنَ	لَمْ يَقِيْنَ
لَتُوقَيَنَّ	لَتَقِيَنَّ	لَمْ تُوقَ	لَمْ تَقِ
لَتُوقَيَانِّ	لَتَقِيَانِّ	لَمْ تُوقَيَا	لَمْ تَقِيَا
لَتُوقَوُنَّ	لَتَقُنَّ	لَمْ تُوقَوْا	لَمْ تَقُوْ
لَتُوقَيِنَّ	لَتَقِنَّ	لَمْ تُوقَيْ	لَمْ تَقِيْ
لَتُوقَيَانِّ	لَتَقِيَانِّ	لَمْ تُوقَيَا	لَمْ تَقِيَا
لَتُوقَيْنَانِّ	لَتَقِيْنَانِّ	لَمْ تُوقَيْنَ	لَمْ تَقِيْنَ
لَأُوقَيَنَّ	لَأَقِيَنَّ	لَمْ أُوقَ	لَمْ أَقِ
لَنُوقَيَنَّ	لَنَقِيَنَّ	لَمْ نُوقَ	لَمْ نَقِ

المضارع المعروف مع النون الخفيفة : لَيَقِيَنْ ، لَيَقُنْ ، لَتَقِيَنْ ، لَتَقُنْ ، لَتَقِنْ ، لَأَقِيَنْ ، لَنَقِيَنْ

المضارع المجهول مع النون الخفيفة : لَيُوقَيَنْ ، لَيُوقَوُنْ ، لَتُوقَيَنْ ، لَتُوقَنْ ، لَتُوقِنْ ، لَأُوقَيَنْ ، لَنُوقَيَنْ

الأمر المعروف	الأمر المجهول	الأمر المعروف مع النون الثقيلة	الأمر المجهول مع النون الثقيلة
لِقِ	لِيُوْقَ	لِيَقِيَنَّ	لِيُوْقَيَنَّ
لِيَقِيَا	لِيُوْقَيَا	لِيَقِيَانِّ	لِيُوْقَيَانِّ
لِيَقُوْا	لِيُوْقَوْا	لِيَقُنَّ	لِيُوْقَوُنَّ
لِتَقِ	لِتُوْقَ	لِتَقِيَنَّ	لِتُوْقَيَنَّ
لِتَقِيَا	لِتُوْقَيَا	لِتَقِيَانِّ	لِتُوْقَيَانِّ
لِيَقِيْنَ	لِيُوْقَيْنَ	لِيَقِيْنَانِّ	لِيُوْقَيْنَانِّ
قِ	لِتُوْقَ	قِيَنَّ	لِتُوْقَيَنَّ
قِيَا	لِتُوْقَيَا	قِيَانِّ	لِتُوْقَيَانِّ
قُوْ	لِتُوْقَوْا	قُنَّ	لِتُوْقَوُنَّ
قِيْ	لِتُوْقَيْ	قِنَّ	لِتُوْقَيَنَّ
قِيَا	لِتُوْقَيَا	قِيَانِّ	لِتُوْقَيَانِّ
قِيْنَ	لِتُوْقَيْنَ	قِيْنَانِّ	لِتُوْقَيْنَانِّ
لَأَقِ	لَأُوْقَ	لَأَقِيَنَّ	لَأُوْقَيَنَّ
لِنَقِ	لِنُوْقَ	لِنَقِيَنَّ	لِنُوْقَيَنَّ

الأمر المعروف مع النون الخفيفة : لِيَقِيَنْ ، لِيَقُنْ ، لِتَقِيَنْ ، قِيَنْ ، قِنْ ، قُنْ ، لَأَقِيَنْ ، لَنَقِيَنْ

الأمر المجهول مع النون الخفيفة : لِيُوْقَيَنْ ، لِيُوْقَيَنْ ، لِيُوْقَوُنْ ، لِتُوْقَيَنْ ، لِتُوْقَوُنْ ، لِتُوْقَيَنْ ، لَأُوْقَيَنْ ، لِنُوْقَيَنْ

النهي المجهول مع النون الثقيلة	النهي المعروف مع النون الثقيلة	النهي المجهول	النهي المعروف
لاَ يُوْقَيَنَّ	لاَ يَقِيَنَّ	لاَ يُوْقَ	لاَ يَقِ
لاَ يُوْقَيَانِّ	لاَ يَقِيَانِّ	لاَ يُوْقَيَا	لاَ يَقِيَا
لاَ يُوْقَوُنَّ	لاَ يَقُنَّ	لاَ يُوْقَوْا	لاَ يَقُوْا
لاَ تُوْقَيَنَّ	لاَ تَقِيَنَّ	لاَ تُوْقَ	لاَ تَقِ
لاَ تُوْقَيَانِّ	لاَ تَقِيَانِّ	لاَ تُوْقَيَا	لاَ تَقِيَا
لاَ يُوْقَيْنَانِّ	لاَ يَقِيْنَانِّ	لاَ يُوْقَيْنَ	لاَ يَقِيْنَ
لاَ تُوْقَيَنَّ	لاَ تَقِيَنَّ	لاَ تُوْقَ	لاَ تَقِ
لاَ تُوْقَيَانِّ	لاَ تَقِيَانِّ	لاَ تُوْقَيَا	لاَ تَقِيَا
لاَ تُوْقَوُنَّ	لاَ تَقُنَّ	لاَ تُوْقَوْا	لاَ تَقُوْا
لاَ تُوْقَيِنَّ	لاَ تَقِنَّ	لاَ تُوْقَيْ	لاَ تَقِ
لاَ تُوْقَيَانِّ	لاَ تَقِيَانِّ	لاَ تُوْقَيَا	لاَ تَقِيَا
لاَ تُوْقَيْنَانِّ	لاَ تَقِيْنَانِّ	لاَ تُوْقَيْنَ	لاَ تَقِيْنَ
لاَ أُوْقَيَنَّ	لاَ أَقِيَنَّ	لاَ أُوْقَ	لاَ أَقِ
لاَ نُوْقَيَنَّ	لاَ نَقِيَنَّ	لاَ نُوْقَ	لاَ نَقِ

النهي المعروف مع النون الخفيفة : لاَ يَقِيَنْ ، لاَ يَقُنْ ، لاَ تَقِيَنْ ، لاَ تَقُنْ ، لاَ تَقِنْ ، لاَ أَقِيَنْ ، لاَ نَقِيَنْ

النهي المجهول مع النون الخفيفة : لاَ يُوْقَيَنْ ، لاَ يُوْقَوُنْ ، لاَ تُوْقَيَنْ ، لاَ تُوْقَوُنْ ، لاَ تُوْقَيِنْ ، لاَ أُوْقَيَنْ ، لاَ نُوْقَيَنْ

From the Treasures of Arabic Morphology

اسم الآلة	اسم الظرف	اسم المفعول	اسم الفاعل
مِيْقًى	مَوْقًى	مَوْقِيٌّ	وَاقٍ
مِيْقَيَانِ	مَوْقَيَانِ	مَوْقِيَانِ	وَاقِيَانِ
مَوَاقٍ	مَوَاقٍ	مَوْقِيُوْنَ	وَاقُوْنَ
مِيْقَاةٌ		مَوْقِيَّةٌ	وَاقِيَةٌ
مِيْقَاتَانِ		مَوْقِيَّتَانِ	وَاقِيَتَانِ
مَوَاقٍ		مَوْقِيَّاتٌ	وَاقِيَاتٌ
مِيْقَاءٌ			
مِيْقَاءَانِ			
مَوَاقِيُّ			

Analysis

(1) The (و) of (يَقْـــــيْ) and all the other verbs has been deleted due to the rule of (يَعِدُ).

(2) The rule of (يَرْمِــــي) has been applied to the (ي) of (يَقِيْ).

(3) The imperative (قِ) was constructed from (تَقِــــيْ). After

deleting the (علامـــة المضـــارع), the last letter which is a (حرف العلة) was deleted. It became (قِ).

لفيف مفروق من باب حَسِبَ ــ اَلْوِلاَيَةُ

وَلِي يَلِيْ وِلاَيَةً فَهُوَ وَالٍ وَوُلِيَ وِلاَيَةً يُوْلَى وِلاَيَةً فَهُوَ مَوْلِيٌّ اَلْأَمْرُ مِنْهُ لِ وَالنَّهْيُ عَنْهُ لَا تَلِ الظَّرْفُ مِنْهُ مَوْلًى مَوْلَيَانِ مَوَالٍ وَالْآلَةُ مِنْهُ مِيْلًى مِيْلَيَانِ مَوَالٍ مِيْلَاةٌ مِيْلَاتَانِ مَوَالٍ وَ مِيْلَاءُ مِيْلَايَانِ مَوَالِيُّ وَأَفْعَلُ التَّفْضِيْلِ مِنْهُ أَوْلَى أَوْلَيَانِ أَوْلَوْنَ وَ أَوَالٍ وَالْمُؤَنَّثُ مِنْهُ وُلْيَى وُلْيَيَانِ وُلًى وَوُلْيَيَاتٌ

The paradigms of this category is similar to (وَقَى يَقِيْ).

لفيف مقرون من باب ضَرَبَ ــ اَلطَّيُّ

طَوَى يَطْوِيْ طَيًّا فَهُوَ طَاوٍ وَطُوِيَ يُطْوَى طَيًّا فَهُوَ مَطْوِيٌّ اَلْأَمْرُ مِنْهُ إِطْوِ وَالنَّهْيُ عَنْهُ لَا تَطْوِ الظَّرْفُ مِنْهُ مَطْوًى مَطْوَيَانِ مَطَاوٍ وَالْآلَةُ مِنْهُ مِطْوًى مِطْوَيَانِ مَطَاوٍ مِطْوَاةٌ مِطْوَاتَانِ مَطَاوٍ وَ مِطْوَاءٌ مِطْوَايَانِ مَطَاوِيُّ وَأَفْعَلُ التَّفْضِيْلِ مِنْهُ أَطْوَى أَطْوَيَانِ أَطْوَوْنَ وَ أَطَاوٍ وَالْمُؤَنَّثُ مِنْهُ طُوْيَى طُوْيَيَانِ طُوًى وَطُوْيَيَاتٌ

ناقص واوي من باب إفتعال — اَلْإِحْتِبَاءُ

إِحْتَبَىٰ يَحْتَبِيْ إِحْتِبَاءًا فَهُوَ مُحْتَبٍ اَلْأَمْرُ مِنْهُ إِحْتَبِ وَالنَّهْيُ عَنْهُ لَا تَحْتَبِ اَلظَّرْفُ مِنْهُ مُحْتَبًى

ناقص يائي من باب إفتعال — اَلْإِجْتِبَاءُ

إِجْتَبَىٰ يَجْتَبِيْ إِجْتِبَاءًا فَهُوَ مُجْتَبٍ وَأُجْتُبِيَ يُجْتَبٰى إِجْتِبَاءًا فَهُوَ مُجْتَبًى اَلْأَمْرُ مِنْهُ إِجْتَبِ وَالنَّهْيُ عَنْهُ لَا تَجْتَبِ اَلظَّرْفُ مِنْهُ مُجْتَبًى

ناقص واوي من باب إفعال — اَلْإِعْلَاءُ

أَعْلَىٰ يُعْلِيْ إِعْلَاءًا فَهُوَ مُعْلٍ وَ أُعْلِيَ يُعْلَىٰ إِعْلَاءًا فَهُوَ مُعْلًى اَلْأَمْرُ مِنْهُ أَعْلِ وَالنَّهْيُ عَنْهُ لَا تُعْلِ اَلظَّرْفُ مِنْهُ مُعْلًى

ناقص واوي من باب تفعيل — اَلتَّسْمِيَةُ

سَمَّىٰ يُسَمِّيْ تَسْمِيَةً فَهُوَ مُسَمٍّ وَ سُمِّيَ يُسَمَّىٰ تَسْمِيَةً فَهُوَ مُسَمًّى اَلْأَمْرُ مِنْهُ سَمِّ وَالنَّهْيُ عَنْهُ لَا تُسَمِّ اَلظَّرْفُ مِنْهُ مُسَمًّى

ناقص يائي من باب تفعيل — اَلتَّلْقِيَةُ

لَقَّى يُلَقِّيْ تَلْقِيَةً فَهُوَ مُلَقٍّ وَ لُقِّيَ يُلَقَّى تَلْقِيَةً فَهُوَ مُلَقًّى اَلْأَمْرُ مِنْهُ لَقِّ وَالنَّهْيُ عَنْهُ لَا تُلَقِّ اَلظَّرْفُ مِنْهُ مُلَقًّى

لفيف مقرون من باب تفعيل — اَلتَّقْوِيَةُ

قَوَّى يُقَوِّيْ تَقْوِيَةً فَهُوَ مُقَوٍّ وَ قُوِّيَ يُقَوَّى تَقْوِيَةً فَهُوَ مُقَوًّى اَلْأَمْرُ مِنْهُ قَوِّ وَالنَّهْيُ عَنْهُ لَا تُقَوِّ اَلظَّرْفُ مِنْهُ مُقَوًّى

ناقص واوي من باب مفاعلة — اَلْمُغَالَاةُ

غَالَى يُغَالِيْ مُغَالَاةً فَهُوَ مُغَالٍ وَ غُوْلِيَ يُغَالَى مُغَالَاةً فَهُوَ مُغَالًى اَلْأَمْرُ مِنْهُ غَالِ وَالنَّهْيُ عَنْهُ لَا تُغَالِ اَلظَّرْفُ مِنْهُ مُغَالًى

ناقص يائي من باب مفاعلة — اَلْمُرَامَاةُ

رَامَى يُرَامِيْ مُرَامَاةً فَهُوَ مُرَامٍ وَ رُوْمِيَ يُرَامَى مُرَامَاةً فَهُوَ مُرَامًى اَلْأَمْرُ مِنْهُ رَامِ وَالنَّهْيُ عَنْهُ لَا تُرَامِ اَلظَّرْفُ مِنْهُ مُرَامًى

ناقص واوي من باب تفعّل — اَلتَّعَلِّيْ

تَعَلَّى يَتَعَلَّىْ تَعَلِّيًا فَهُوَ مُتَعَلٍّ وَ تُعُلِّيَ يُتَعَلَّى تَعَلِّيًا فَهُوَ مُتَعَلًّى اَلْأَمْرُ مِنْهُ تَعَلَّ وَالنَّهْيُ عَنْهُ لاَ تَعَلَّ اَلظَّرْفُ مِنْهُ مُتَعَلًّى

The (و) of the verbal noun (مصــدر) changed to (ي) due to rule no. 16. In (حالـــة الرفــع والجــر) it is deleted due to (اجتماع الساكنين).

ناقص واوي من باب تفاعُل — اَلتَّعَاِلَيْ

تَعَالَى يَتَعَالَى تَعَالِيًا فَهُوَ مُتَعَالٍ اَلْأَمْرُ مِنْهُ تَعَالَ وَالنَّهْيُ عَنْهُ لاَ تَتَعَالَ اَلظَّرْفُ مِنْهُ مُتَعَالًى

Exercise 50

(a) List the detailed paradigms (الصَّرْفُ الكَبِيرْ) of the following verbs:

(1) وَفَى يَفِيْ

(2) حَيِيَ يَحْيٰى

(3) وَنِيَ يَنٰى

(4) وَرِيَ يَرِيْ

(5) أَوْصٰى يُوْصِيْ

(b) Name the word-forms (صِيَغ) of the following verbs:

(1) نُوَدِّيْ

(2) لَنْ تُوَارِيَ

(3) لَمْ تَتَوَفَّ

(4) لَتَتَدَاوَيَنَّ

(5) إِنْزَوِيْ

From the Treasures of Arabic Morphology

Combination of (مهموز) and (معتل)

مهموز الفا وأجوف واوي من باب نصر

آلَ يَؤُوْلُ أَوْلاً فهو آئِلٌ إِئْلَ يَآلُ أَوْلاً فهو مَؤُوْلٌ الامر منه اُلْ والنهي عنه لاَتَؤُلْ

The paradigms of this verb are similar to those of (قَالَ يَقُوْلُ).

The rules of (مهموز) have to be applied to the (همزة) while the rules of (معتل) apply to the (و). Wherever there is a conflict of the two, the rules of (معتل) will be given preference. For example, (يَؤُوْلُ) was originally (يَأْوُلُ). It required the rule of (رَأْسٌ) to change the (همزة) to (الف), whereas the rules of (معتل) required the transferring of the harakah to the preceding letter. Preference was awarded to the latter.

Similarly, (أَوُوْلُ) was originally (أَءْوُلُ). The rule of (آمَنَ) required changing the (همزة) to (الف). However, the rule of (معتل) of transferring the harakah was preferred. It became (أَؤُوْلُ). Thereafter, the second hamzah was changed to (و) due to the rule of (أَوَادِمُ). It became (أَوُوْلُ).

مهموز الفا وأجوف يائي من باب ضرب

آدَ يَئِيْدُ أَيْداً فهو آئِدٌ وَ إِيْدَ يَآدُ أَيْداً فهو مَئِيْدٌ الامر منه إِدْ والنهي عنه لاَ تَئِدْ

This (باب) is similar to (بَاعَ يَبِيْعُ). The above-mentioned rule has to be considered here as well. Consequently, in the word (يَئِيْدُ), the rule of (يَبِيْعُ) is given preference to the rule of (رَأْسٌ). The rule of (أَئِمَّةٌ) applies to (أَئِيْدُ).

مهموز الفا وناقص واوي من باب نصر

أَلاَ يَأْلُوْ أَلْوًا فهو آلٍ وَ أُلِيَ يُأْلَى أَلْوًا فهو مَأْلُوٌّ الامر منه أُوْلُ والنهي عنه لاَ تَأْلُ

The rules of (مهموز) apply to the hamzah while the rules of (ناقص) apply to the (و).

مهموز الفا وناقص يائي من باب ضرب

أَتَى يَأْتِيْ إِتْيَانًا فهو آتٍ وَ أُتِيَ يُأْتَى إِتْيَانًا فهو مَأْتِيٌّ الامر منه إِيْتِ والنهي عنه لاَ تَأْتِ

This paradigm is similar to (رَمٰى يَرْمِي).

مهموز الفا وناقص يائي من باب فتح

أَبٰى يَأْبٰى إِبَاءً فهو آبٍ وَ أُبِيَ يُؤْبٰى إِبَاءً فهو مَأْبِيٌّ الامر منه إِيْبْ والنهي عنه لاَ تَأْبِ

مهموز الفا ولفيف مقرون من باب ضرب

أَوٰى يَأْوِي أَيًّا فهو آوٍ وَ أُوِيَ يُؤْوٰى أَيًّا فهو مَأْوِيٌّ الامر منه إِيْوِ والنهي عنه لاَ تَأْوِ

مهموز العين ومثال من باب ضرب

وَأَدَ يَئِدُ وَأْدًا فهو وَائِدٌ وَ وُئِدَ يُوأَدُ وَأْدًا فهو مَوْؤُوْدٌ الامر منه إِدْ والنهي عنه لاَ تَئِدْ

مهموز العين وناقص يائي من باب فتح

رَأَى يَرٰى رُؤْيَةً فهو رَاءٍ وَ رُئِيَ يُرٰى رُؤْيَةً فهو مَرْئِيٌّ الامر منه رَ والنهي عنه لاَ تَرَ الظرف منه مَرْأًى مَرْأَيَانِ مَرَاءٍ والآلة منه مِرْأًى مِرْآةٌ مِرْآءٌ مِرْأَيَانِ مَرَائِيُّ وأفعل التفضيل منه أَرْءٰى أَرْءَيَانِ أَرَاءٍ و

From the Treasures of Arabic Morphology

أَرْأَوْنَ والمؤنث منه رُؤْىٰ رُؤْيَيَانِ رُأًى و رُؤْيَيَاتٌ

As mentioned previously, the rule of (يَسْئَلُ) is compulsory in the verbs of this (باب). Hereunder follow the detailed paradigms of this verb. Since it is a very common verb and many rules have been applied to it, it should be thoroughly learnt.

تأكيد النفي مع لن، المجهول	تأكيد النفي مع لن، المعروف	المضارع المجهول	المضارع المعروف	الماضي المجهول	الماضي المعروف
لَنْ يُرٰى	لَنْ يَرٰى	يُرٰى	يَرٰى	رُئِيَ	رَأٰى
لَنْ يُرَيَا	لَنْ يَرَيَا	يُرَيَانِ	يَرَيَانِ	رُئِيَا	رَأَيَا
لَنْ يُرَوْا	لَنْ يَرَوْا	يُرَوْنَ	يَرَوْنَ	رُؤُوْا	رَأَوْا
لَنْ تُرٰى	لَنْ تَرٰى	تُرٰى	تَرٰى	رُئِيَتْ	رَأَتْ
لَنْ تُرَيَا	لَنْ تَرَيَا	تُرَيَانِ	تَرَيَانِ	رُئِيَتَا	رَأَتَا
لَنْ يُرَيْنَ	لَنْ يَرَيْنَ	يُرَيْنَ	يَرَيْنَ	رُئِيْنَ	رَأَيْنَ
لَنْ تُرٰى	لَنْ تَرٰى	تُرٰى	تَرٰى	رُئِيْتَ	رَأَيْتَ
لَنْ تُرَيَا	لَنْ تَرَيَا	تُرَيَانِ	تَرَيَانِ	رُئِيْتُمَا	رَأَيْتُمَا
لَنْ تُرَوْا	لَنْ تَرَوْا	تُرَوْنَ	تَرَوْنَ	رُئِيْتُمْ	رَأَيْتُمْ
لَنْ تُرَيْ	لَنْ تَرَيْ	تُرَيْنَ	تَرَيْنَ	رُئِيْتِ	رَأَيْتِ
لَنْ تُرَيَا	لَنْ تَرَيَا	تُرَيَانِ	تَرَيَانِ	رُئِيْتُمَا	رَأَيْتُمَا
لَنْ تُرَيْنَ	لَنْ تَرَيْنَ	تُرَيْنَ	تَرَيْنَ	رُئِيْتُنَّ	رَأَيْتُنَّ
لَنْ أُرٰى	لَنْ أَرٰى	أُرٰى	أَرٰى	رُئِيْتُ	رَأَيْتُ
لَنْ نُرٰى	لَنْ نَرٰى	نُرٰى	نَرٰى	رُئِيْنَا	رَأَيْنَا

المضارع المجهول مع النون الثقيلة	المضارع المعروف مع النون الثقيلة	النفي مع لم، المجهول	النفي مع لم، المعروف
لَيُرَيَنَّ	لَيَرَيَنَّ	لَمْ يُرَ	لَمْ يَرَ
لَيُرَيَانِّ	لَيَرَيَانِّ	لَمْ يُرَيَا	لَمْ يَرَيَا
لَيُرَوُنَّ	لَيَرَوُنَّ	لَمْ يُرَوْا	لَمْ يَرَوْا
لَتُرَيَنَّ	لَتَرَيَنَّ	لَمْ تُرَ	لَمْ تَرَ
لَتُرَيَانِّ	لَتَرَيَانِّ	لَمْ تُرَيَا	لَمْ تَرَيَا
لَيُرَيْنَانِّ	لَيَرَيْنَانِّ	لَمْ يُرَيْنَ	لَمْ يَرَيْنَ
لَتُرَيَنَّ	لَتَرَيَنَّ	لَمْ تُرَ	لَمْ تَرَ
لَتُرَيَانِّ	لَتَرَيَانِّ	لَمْ تُرَيَا	لَمْ تَرَيَا
لَتُرَوُنَّ	لَتَرَوُنَّ	لَمْ تُرَوْا	لَمْ تَرَوْا
لَتُرَيِنَّ	لَتَرَيِنَّ	لَمْ تُرَيْ	لَمْ تَرَيْ
لَتُرَيَانِّ	لَتَرَيَانِّ	لَمْ تُرَيَا	لَمْ تَرَيَا
لَتُرَيْنَانِّ	لَتَرَيْنَانِّ	لَمْ تُرَيْنَ	لَمْ تَرَيْنَ
لَأُرَيَنَّ	لَأَرَيَنَّ	لَمْ أُرَ	لَمْ أَرَ
لَنُرَيَنَّ	لَنَرَيَنَّ	لَمْ نُرَ	لَمْ نَرَ

المضارع المعروف مع النون الخفيفة : لَيَرَيَنْ ، لَيَرَوُنْ ، لَتَرَيَنْ ، لَتَرَوُنْ ، لَتَرَيَنْ ، لَأَرَيَنْ ، لَنَرَيَنْ

المضارع المجهول مع النون الخفيفة : لَيُرَيَنْ ، لَيُرَوُنْ ، لَتُرَيَنْ ، لَتُرَوُنْ ، لَتُرَيَنْ ، لَأُرَيَنْ ، لَنُرَيَنْ

الأمر المجهول مع النون الثقيلة	الأمر المعروف مع النون الثقيلة	الأمر المجهول	الأمر المعروف
لِيُرَيَنَّ	لِيَرَيَنَّ	لِيُرَ	لِيَرَ
لِيُرَيَانِّ	لِيَرَيَانِّ	لِيُرَيَا	لِيَرَيَا
لِيُرَوُنَّ	لِيَرَوُنَّ	لِيُرَوْ	لِيَرَوْا
لِتُرَيَنَّ	لِتَرَيَنَّ	لِتُرَ	لِتَرَ
لِتُرَيَانِّ	لِتَرَيَانِّ	لِتُرَيَا	لِتَرَيَا
لِيُرَيْنَانِّ	لِيَرَيْنَانِّ	لِيُرَيْنَ	لِيَرَيْنَ
لِتُرَيَنَّ	رَيَنَّ	لِتُرَ	رَ
لِتُرَيَانِّ	رَيَانِّ	لِتُرَيَا	رَيَا
لِتُرَوُنَّ	رَوُنَّ	لِتُرَوْ	رَوْ
لِتُرَيِنَّ	رَيِنَّ	لِتُرَيْ	رَيْ
لِتُرَيَانِّ	رَيَانِّ	لِتُرَيَا	رَيَا
لِتُرَيْنَانِّ	رَيْنَانِّ	لِتُرَيْنَ	رَيْنَ
لَأُرَيَنَّ	لَأَرَيَنَّ	لَأُرَ	لَأَرَ
لِنُرَيَنَّ	لِنَرَيَنَّ	لِنُرَ	لِنَرَ

الأمر المعروف مع النون الخفيفة : لِيَرَيَنْ ، لِيَرَوُنْ ، لِتَرَيَنْ ، رَيَنْ ، رَوُنْ ، رَيْنْ ، لَأَرَيَنْ ، لِنَرَيَنْ

الأمر المجهول مع النون الخفيفة : لِيُرَيَنْ ، لِيُرَوُنْ ، لِتُرَيَنْ ، لِتُرَوُنْ ، لِتُرَيَنْ ، لَأُرَيَنْ ، لِنُرَيَنْ

النهي المجهول مع النون الثقيلة	النهي المعروف مع النون الثقيلة	النهي المجهول	النهي المعروف
لاَ يُرَيَنَّ	لاَ يَرَيَنَّ	لاَ يُرَ	لاَ يَرَ
لاَ يُرَيَانِّ	لاَ يَرَيَانِّ	لاَ يُرَيَا	لاَ يَرَيَا
لاَ يُرَوُنَّ	لاَ يَرَوُنَّ	لاَ يُرَوْ	لاَ يَرَوْ
لاَ تُرَيَنَّ	لاَ تَرَيَنَّ	لاَ تُرَ	لاَ تَرَ
لاَ تُرَيَانِّ	لاَ تَرَيَانِّ	لاَ تُرَيَا	لاَ تَرَيَا
لاَ يُرَيْنَانِّ	لاَ يَرَيْنَانِّ	لاَ يُرَيْنَ	لاَ يَرَيْنَ
لاَ تُرَيَنَّ	لاَ تَرَيَنَّ	لاَ تُرَ	لاَ تَرَ
لاَ تُرَيَانِّ	لاَ تَرَيَانِّ	لاَ تُرَيَا	لاَ تَرَيَا
لاَ تُرَوُنَّ	لاَ تَرَوُنَّ	لاَ تُرَوْ	لاَ تَرَوْ
لاَ تُرَيَنَّ	لاَ تَرَيَنَّ	لاَ تُرَيْ	لاَ تَرَيْ
لاَ تُرَيَانِّ	لاَ تَرَيَانِّ	لاَ تُرَيَا	لاَ تَرَيَا
لاَ تُرَيْنَانِّ	لاَ تَرَيْنَانِّ	لاَ تُرَيْنَ	لاَ تَرَيْنَ
لاَ أُرَيَنَّ	لاَ أَرَيَنَّ	لاَ أُرَ	لاَ أَرَ
لاَ نُرَيَنَّ	لاَ نَرَيَنَّ	لاَ نُرَ	لاَ نَرَ

النهي المعروف مع النون الخفيفة : لاَ يَرَيَنْ ، لاَ يَرَوُنْ ، لاَ تَرَيَنْ ، لاَ تَرَيَنْ ، لاَ تَرَوُنْ ، لاَ تَرَيَنْ ، لاَ أَرَيَنْ ، لاَ نَرَيَنْ

النهي المجهول مع النون الخفيفة : لاَ يُرَيَنْ ، لاَ يُرَوُنْ ، لاَ تُرَيَنْ ، لاَ تُرَوُنْ ، لاَ تُرَيَنْ ، لاَ أُرَيَنْ ، لاَ نُرَيَنْ

From the Treasures of Arabic Morphology

اسم الآلة	اسم الظرف	اسم المفعول	اسم الفاعل
مِرْأًى	مَرْأًى	مَرْئِيٌّ	رَاءٍ
مِرْأَيَانِ	مَرْأَيَانِ	مَرْئِيَّانِ	رَائِيَانِ
مَرَاءٍ	مَرَاءٍ	مَرْئِيُّوْنَ	رَاؤُوْنَ
مِرْآةٌ		مَرْئِيَّةٌ	رَائِيَةٌ
مِرْآتَانِ		مَرْئِيَّتَانِ	رَائِيَتَانِ
مَرَاءٍ		مَرْئِيَّاتٌ	رَائِيَاتٌ
مِرْآءٌ			
مِرْآآنِ			
مَرَائِيُّ			

Analysis

(1) The verb (يَرى) was originally (يَرْأَيُ). The rule of (يَسْتَلُ) is first applied after which the (ي) is changed to (الف) due to rule no. 7. This change applies to all the word-forms except the dual form in which only the rule of (يَسْتَلُ) applies. In the plural masculine forms and the singular second person feminine, the (الف) is deleted due to (اجتماع الساكنين).

(2) In words like (لَنْ يَرى), no visible change has taken place because the (الف) does not accept any harakah.

(3) The (الف) is deleted from words like (لَمْ يَرَ) because of the (لَمْ).

(4) In words like (لَيَرَيْنَّ), the (ي) reverts in place of the (الف) because the latter cannot accept a harakah. The (نون ثقيلة) requires a (فتحة) before it.

(5) In (لَيَرَوُنَّ), due to (اجتماع الساكنين) between the (و) and the (ن), and the (و) is not a (مدة). Therefore a (ضمة) is rendered to it to indicate the deletion of the (و).

(6) The imperative (رَ) is constructed from (تَرَى). After deleting the (علامة المضارع), the (الف) is deleted from the end. It becomes (رَ).

(7) The imperative (رَيَنَّ) was originally (رَ). The (حرف العلة) which was deleted due to a (وقف) now reverts. However, the (الف) was not capable of upholding a harakah. Hence, the (ي) which changed into (الف) reverts so that it can carry the (فتحة) which the (نون ثقيلة) requires before it. It becomes (رَيَنَّ). In (رَوُنَّ) and (رَيَنَّ), the (و) and (ي) are rendered a dammah and kasrah respectively because they are not (مدة). A harakah is not permissible on a (مدة). The dammah indicates the deletion of the

(و) from the original while the kasrah indicates the deletion of a (ي).

مهموز اللام وأجوف يائي من باب ضرب

جَاءَ يَجِيْئُ مَجِيْئًا فهو جَاءٍ وَ جِيْئَ يُجَاءُ مَجِيْئًا فهو مَجِيْئٌ الامر منه جِئْ والنهي عنه لاَ تَجِئْ الظرف منه مَجِيْئٌ

(1) The remainder of the paradigm is similar to (بَاعَ يَبِيْعُ).

(2) The verb (شَاءَ يَشَاءُ) which is (مهموز اللام وأجوف يائي) can be from (باب فتح) or (باب سمع). A letter from the (حروف حلقية) is present in the (لام الكلمة). The (كسرة) of the (الفعل الماضي) is not visible. In the verbs before (شِئْنَ), the (ي) was changed to (الف). The original of the (الف) could therefore be either (ي مفتوحة) or (ي مكسورة). The question arises as to why the verbs from (شِئْنَ) till (شِئْنَا) have been rendered a kasrah. The answer to this is that if this verb is from (باب سمع), the kasrah of the (فاء الكلمة) indicates the kasrah of the (عين الكلمة). If this verb is from (باب فتح), the kasrah of the (فاء الكلمة) indicates the deleted (ي) as in (بِعْنَ).

(3) In the imperative (جِئْ) and the words affected by (جزم) like (لَمْ يَجِئْ), the hamzah can be changed to (ي). In (شَأ) and (لَمْ يَشَأْ), the hamzah can be read as an (الف). The (حرف العلة) will however remain and not be deleted because the hamzah is a root letter. In (مهموز اللام) the (لام الكلمة) is not deleted.

(4) The hamzah of (مَجِيْئٌ) and (مَشِيْئَةٌ) cannot be changed to (ي) and then (إدغام) be applied because the (ي) is an original letter. Therefore the rule of (خطيئة) cannot be applied here as this is not a (مدة زائدة).

(5) The (ي) of (مَحَايِئُ) and similar words is not changed to a hamzah because it is a root letter. The rule of (عَجَائِزُ) only applies to a (ي زائدة) or (و زائدة).

Exercise 51

(a) List the detailed paradigms (الصرف الكبير) of the following verbs:

(1) أَبَى يَأْبَى   (4) أَرْأَى يُرْئِيْ
(2) وَأَى يَإِيْ   (5) أَذِيَ يَأْذَى
(3) وَطِئَ يَطَأُ

From the Treasures of Arabic Morphology

The Rules of (مضاعف)

Rule 1

If there are two letters of the same type (متجــانس) or they are similar (متقـــارب) and the first is (ســاكن), it will be assimilated into the second letter. That is, (إدغــام) will be applied.
This rule applies whether the letters are in the same word or in two separate words.

Examples of (إدغام) in the same word

i. مَدٌّ ⟶ مَدْدٌ (Example of [متجانسين] letters, that is "د")
ii. شَدٌّ ⟶ شَدْدٌ (Example of [متجانسين] letters, that is "د")
iii. عَبَدْتُّمْ ⟶ عَبَدْتُمْ (Example of [متقـــاربين] letters, that is "د" and "ت")

In the case of (متقـــاربين), the first letter is changed into the second letter before (إدغام) is applied. In the above example, (د) is changed to (ت) first, and then the two (ت)'s are assimilated. However, the (د) is still written, although not pronounced.

284

Examples of (إدغام) in two words

إِذْهَبْ بِّنَا ← إِذْهَبْ بَنَا

عَصَوْا وَّ كَانُوْا ← عَصَوْا وَ كَانُوْا

Exception

In two words, if the first word is a (مَدّه)[1], the letters will not be assimilated, that is, (إدغام) will not be applied.

Example

فِىْ يَوْمٍ

However, if the (مَدّه) is in the same word, (إدغام) will be applied.

Example

دَوِيٌّ ← دَوِيْنٌ

---

[1] A (مَدَه) is either a (و) preceded by a (ضَمَّة), a (ي) preceded by a (كَسْرة) or a (الف) preceded by a (فتحة).

Rule 2

If two letters of the same type are (متحرّك), and the letter preceding the first (ما قبل أوّل) is also (متحرّك), the first letter will be made (ساكن) and then the two letters will be assimilated, that is, (إدغام) will be applied.

Example

مَدَّ ← مَـدْدَ ← مَـدَدَ

ما قبل أوّل

متحرّك
1st letter

متحرّك
2nd letter

فَرَّ ← فَرْرَ ← فَرَرَ

ما قبل أوّل

متحرّك
1st letter

متحرّك
2nd letter

However, if a noun (إسم) has a (حركة) on the (عين الكلمة), the letters will not be assimilated. In this case, (إدغام) will not apply.

Example

شَرَرٌ

سُرُرٌ

🕮 🕮 🕮 🕮 🕮

Rule 3

If the letter preceding the first (أوّل) (ما قبــل) is (ســاكن) and not a (مدّه), the (حركة) of the first letter will be given to its preceding letter and then (إدغام) will be applied.

Example

يَمُدُّ ⟵ يَمْدُدُ ⟵ يَمْدُدُ

(ما قبل أوّل) preceding letter

(أوّل) first letter

(ثاني) second letter

(باب ضرب) يَفِرُّ ⟵ يَفْرِرُ ⟵ يَفْرِرُ

(باب سمع) يَعَضُّ ⟵ يَعْضَضُ ⟵ يَعْضَضُ

Exception

This rule does not apply to the words of (ملحق).

Example

جَلْبَبَ (No change is made.)

🌼 🌼 🌼 🌼 🌼

Rule 4

If the preceding letter is a (مـدّه), without transferring the (حركـة), the first letter will be made (سـاكن) and both will be assimilated, that is, (إدغام) will be applied.

Examples

(باب مفاعلة) of (فعل ماضى معروف) حَاجَجَ
↓ ↓ ↓
2nd 1st مدّه

حَاجَجَ ⟵ حَاجْجَ ⟵ حَاجَّ

(باب مفاعلة) of (فعل ماضى بجهول) مُوْدِدَ

مُوْدِدَ ⟵ مُوْدْدَ ⟵ مُوَدَّ

🌼 🌼 🌼 🌼 🌼

Rule 5

If after applying (إدغـام), there is a (وقـف-pause) due to (أمــر), or there is a (جــزم), the following are permissible in the second letter:

i. فتحة – because it is the lightest letter (أخف الحركات).

ii. كسرة – whenever any (ساكن) letter is rendered a ḥarakah, it is rendered a kasrah. The rule is (الساكنُ إذا حُرِّكَ حُرِّكَ بِالْكَسْرِ).

iii. إدغام – فَكُّ إدغام (no إدغام takes place).

Example

The (أمر صيغة) of (فَرَّ يَفِرُّ) is:

$$فِرَّ ، فِرِّ ، إِفْرِرْ$$

If the preceding letter (ما قبــل أوّل) is (مضــموم), then (ضــمة) is also permissible.

Example

$$لَمْ يَمُدُّ ، لَمْ يَمُدَّ ، لَمْ يَمُدُّ ، لَمْ يَمْدُدْ$$

When the final letter has (سكون), either because of a suffix, or because it is in the jussive case (حالة الجزم) or it is the imperative

From the Treasures of Arabic Morphology

(الأمر), the two letters must be written separately, e.g. (مَدَدْنَا) and (اُمْدُدْ).

When the final letter is (متحرك) – it is vowelled – the two are coalesced.[18] This does not apply to the (مصدر) – verbal noun, where the (الف) interposes between the two final letters, e.g. (إِمْدَادٌ).

Exercise 52

(1) Which rule has been applied to the word (ظَــنَّ) and how?

(2) Explain the rule applied in the word (لَنْ تَكُوْنَ).

(3) Analyse the rule applied in the word (يَسُبُّ).

(4) Apply rule no. 4 to the word (رَادَدَ).

(5) What are the different ways of reading the imperative singular form of the following words?

(1) ظَنَّ
(2) فَضَّ
(3) شَدَّ

---

[18] joined and made into one.

From the Treasures of Arabic Morphology

مضاعف من باب نصر

مَدَّ يَمُدُّ مَدًّا فهو مَادٌّ وَ مُدَّ يُمَدُّ مَدًّا فهو مَمْدُوْدٌ الامر منه مُدَّ مُدِّ مُدُّ أُمْدُدْ والنهي عنه لاَ تَمُدَّ لاَ تَمُدِّ لاَ تَمُدُّ لاَ تَمْدُدْ الظرف منه مَمَدٌّ مَمَدَّانِ مَمَادُّ والآلة منه مِمَدٌّ مِمَدَّانِ مَمَادُّ مِمَدَّةٌ مِمَدَّتَانِ مَمَادٌّ مِمْدَادٌ مِمْدَادَانِ مَمَادِيْدُ وأفعل التفضيل منه أَمَدُّ أَمَدَّانِ أَمَدُّوْنَ و أَمَادُّ والمؤنث منه مُدَّى مُدَّيَانِ مُدَدٌ و مُدَّيَاتٌ

Analysis

(1) Rule no. 2 has been applied to (مَدَّ).

(2) In the words (مُدَّ), (يَمُدُّ) and (يُمَدُّ), rule no. 3 has been applied.

(3) Rule no. 4 has been applied to (مَادٌّ), (مَمَادُّ) and (أَمَادُّ).

(4) In the imperative and prohibition (الأمر والنهي), rule no. 5 has been applied.

Hereunder follows the detailed paradigms of this verb.

From the Treasures of Arabic Morphology

تأكيد النفي مع لن، المجهول	تأكيد النفي مع لن، المعروف	المضارع المجهول	المضارع المعروف	الماضي المجهول	الماضي المعروف
لَنْ يُمَدَّ	لَنْ يَمُدَّ	يُمَدُّ	يَمُدُّ	مُدَّ	مَدَّ
لَنْ يُمَدَّا	لَنْ يَمُدَّا	يُمَدَّان	يَمُدَّان	مُدَّا	مَدَّا
لَنْ يُمَدُّوْ	لَنْ يَمُدُّوْ	يُمَدُّوْنَ	يَمُدُّوْنَ	مُدُّوا	مَدُّوا
لَنْ تُمَدَّ	لَنْ تَمُدَّ	تُمَدُّ	تَمُدُّ	مُدَّتْ	مَدَّتْ
لَنْ تُمَدَّا	لَنْ تَمُدَّا	تُمَدَّان	تَمُدَّان	مُدَّتَا	مَدَّتَا
لَنْ يُمْدَدْنَ	لَنْ يَمْدُدْنَ	يُمْدَدْنَ	يَمْدُدْنَ	مُدِدْنَ	مَدَدْنَ
لَنْ تُمَدَّ	لَنْ تَمُدَّ	تُمَدُّ	تَمُدُّ	مُدِدْتَ	مَدَدْتَ
لَنْ تُمَدَّا	لَنْ تَمُدَّا	تُمَدَّان	تَمُدَّان	مُدِدْتُمَا	مَدَدْتُمَا
لَنْ تُمَدُّوْ	لَنْ تَمُدُّوْ	تُمَدُّوْنَ	تَمُدُّوْنَ	مُدِدْتُمْ	مَدَدْتُمْ
لَنْ تُمَدِّيْ	لَنْ تَمُدِّيْ	تُمَدِّيْنَ	تَمُدِّيْنَ	مُدِدْتِ	مَدَدْتِ
لَنْ تُمَدَّا	لَنْ تَمُدَّا	تُمَدَّان	تَمُدَّان	مُدِدْتُمَا	مَدَدْتُمَا
لَنْ تُمْدَدْنَ	لَنْ تَمْدُدْنَ	تُمْدَدْنَ	تَمْدُدْنَ	مُدِدْتُنَّ	مَدَدْتُنَّ
لَنْ أُمَدَّ	لَنْ أَمُدَّ	أُمَدُّ	أَمُدُّ	مُدِدْتُ	مَدَدْتُ
لَنْ نُمَدَّ	لَنْ نَمُدَّ	نُمَدُّ	نَمُدُّ	مُدِدْنَا	مَدَدْنَا

المضارع المجهول مع النون الثقيلة	المضارع المعروف مع النون الثقيلة	النفي مع لم، المجهول	النفي مع لم، المعروف
لَيُمَدَّنَّ	لَيَمُدَّنَّ	لَمْ يُمَدَّ	لَمْ يَمُدَّ
لَيُمَدَّانِّ	لَيَمُدَّانِّ	لَمْ يُمَدَّا	لَمْ يَمُدَّا
لَيُمَدُّنَّ	لَيَمُدُّنَّ	لَمْ يُمَدُّوْ	لَمْ يَمُدُّوْ
لَتُمَدَّنَّ	لَتَمُدَّنَّ	لَمْ تُمَدَّ	لَمْ تَمُدَّ
لَتُمَدَّانِّ	لَتَمُدَّانِّ	لَمْ تُمَدَّا	لَمْ تَمُدَّا
لَيُمْدَدْنَانِّ	لَيَمْدُدْنَانِّ	لَمْ يُمْدَدْنَ	لَمْ يَمْدُدْنَ
لَتُمَدَّنَّ	لَتَمُدَّنَّ	لَمْ تُمَدَّ	لَمْ تَمُدَّ
لَتُمَدَّانِّ	لَتَمُدَّانِّ	لَمْ تُمَدَّا	لَمْ تَمُدَّا
لَتُمَدُّنَّ	لَتَمُدُّنَّ	لَمْ تُمَدُّوْ	لَمْ تَمُدُّوْ
لَتُمَدِّنَّ	لَتَمُدِّنَّ	لَمْ تُمَدِّيْ	لَمْ تَمُدِّيْ
لَتُمَدَّانِّ	لَتَمُدَّانِّ	لَمْ تُمَدَّا	لَمْ تَمُدَّا
لَتُمْدَدْنَانِّ	لَتَمْدُدْنَانِّ	لَمْ تُمْدَدْنَ	لَمْ تَمْدُدْنَ
لَأُمَدَّنَّ	لَأَمُدَّنَّ	لَمْ أُمَدَّ	لَمْ أَمُدَّ
لَنُمَدَّنَّ	لَنَمُدَّنَّ	لَمْ نُمَدَّ	لَمْ نَمُدَّ

المضارع المعروف مع النون الخفيفة : لَيَمُدَّنْ ، لَيَمُدُّنْ ، لَتَمُدَّنْ ، لَتَمُدُّنْ ، لَتَمُدِّنْ ، لَأَمُدَّنْ ، لَنَمُدَّنْ

المضارع المجهول مع النون الخفيفة : لَيُمَدَّنْ ، لَيُمَدُّنْ ، لَتُمَدَّنْ ، لَتُمَدُّنْ ، لَتُمَدِّنْ ، لَأُمَدَّنْ ، لَنُمَدَّنْ

الأمر المجهول مع النون الثقيلة	الأمر المعروف مع النون الثقيلة	الأمر المجهول	الأمر المعروف
لِيُمَدَّنَّ	لِيَمُدَّنَّ	لِيُمَدَّ	لِيَمُدَّ
لِيُمَدَّانِّ	لِيَمُدَّانِّ	لِيُمَدَّا	لِيَمُدَّا
لِيُمَدُّنَّ	لِيَمُدُّنَّ	لِيُمَدُّوْ	لِيَمُدُّوْ
لِتُمَدَّنَّ	لِتَمُدَّنَّ	لِتُمَدَّ	لِتَمُدَّ
لِتُمَدَّانِّ	لِتَمُدَّانِّ	لِتُمَدَّا	لِتَمُدَّا
لِيُمْدَدْنَانِّ	لِيَمْدُدْنَانِّ	لِيُمْدَدْنَ	لِيَمْدُدْنَ
لِتُمَدَّنَّ	مُدَّنَّ	لِتُمَدَّ	مُدَّ
لِتُمَدَّانِّ	مُدَّانِّ	لِتُمَدَّا	مُدَّا
لِتُمَدُّنَّ	مُدُّنَّ	لِتُمَدُّوْ	مُدُّوْ
لِتُمَدِّنَّ	مُدِّنَّ	لِتُمَدِّيْ	مُدِّيْ
لِتُمَدَّانِّ	مُدَّانِّ	لِتُمَدَّا	مُدَّا
لِتُمْدَدْنَانِّ	أُمْدُدْنَانِّ	لِتُمْدَدْنَ	أُمْدُدْنَ
لَأُمَدَّنَّ	لَأُمَدَّنَّ	لَأُمَدَّ	لَأُمَدَّ
لِنُمَدَّنَّ	لِنَمُدَّنَّ	لِنُمَدَّ	لِنَمُدَّ

الأمر المعروف مع النون الخفيفة : لِيَمُدَّنْ ، لِيَمُدُّنْ ، لِتَمُدَّنْ ، مُدَّنْ ، مُدُّنْ ، مُدِّنْ ، لَأُمَدَّنْ ، لِنَمُدَّنْ

الأمر المجهول مع النون الخفيفة : لِيُمَدَّنْ ، لِيُمَدُّنْ ، لِتُمَدَّنْ ، لِتُمَدُّنْ ، لِتُمَدِّنْ ، لَأُمَدَّنْ ، لِنُمَدَّنْ

النهي المجهول مع النون الثقيلة	النهي المعروف مع النون الثقيلة	النهي المجهول	النهي المعروف
لاَ يُمَدَّنْ	لاَ يَمُدَّنْ	لاَ يُمَدَّ	لاَ يَمُدَّ
لاَ يُمَدَّانِّ	لاَ يَمُدَّانِّ	لاَ يُمَدَّا	لاَ يَمُدَّا
لاَ يُمَدُّنَّ	لاَ يَمُدُّنَّ	لاَ يُمَدُّوْ	لاَ يَمُدُّوْ
لاَ تُمَدَّنْ	لاَ تَمُدَّنْ	لاَ تُمَدَّ	لاَ تَمُدَّ
لاَ تُمَدَّانِّ	لاَ تَمُدَّانِّ	لاَ تُمَدَّا	لاَ تَمُدَّا
لاَ يُمْدَدْنَانِّ	لاَ يَمْدُدْنَانِّ	لاَ يُمْدَدْنَ	لاَ يَمْدُدْنَ
لاَ تُمَدَّنْ	لاَ تَمُدَّنْ	لاَ تُمَدَّ	لاَ تَمُدَّ
لاَ تُمَدَّانِّ	لاَ تَمُدَّانِّ	لاَ تُمَدَّا	لاَ تَمُدَّا
لاَ تُمَدُّنَّ	لاَ تَمُدُّنَّ	لاَ تُمَدُّوْ	لاَ تَمُدُّوْ
لاَ تُمَدِّنَّ	لاَ تَمُدِّنَّ	لاَ تُمَدِّيْ	لاَ تَمُدِّيْ
لاَ تُمَدَّانِّ	لاَ تَمُدَّانِّ	لاَ تُمَدَّا	لاَ تَمُدَّا
لاَ تُمْدَدْنَانِّ	لاَ تَمْدُدْنَانِّ	لاَ تُمْدَدْنَ	لاَ تَمْدُدْنَ
لاَ أُمَدَّنْ	لاَ أَمُدَّنْ	لاَ أُمَدَّ	لاَ أَمُدَّ
لاَ نُمَدَّنْ	لاَ نَمُدَّنْ	لاَ نُمَدَّ	لاَ نَمُدَّ

النهي المعروف مع النون الخفيفة : لاَ يَمُدَّنْ ، لاَ يَمُدُّنْ ، لاَ تَمُدَّنْ ، لاَ تَمُدَّنْ ، لاَ تَمُدُّنْ ، لاَ تَمُدِّنْ ، لاَ أَمُدَّنْ ، لاَ نَمُدَّنْ

النهي المجهول مع النون الخفيفة : لاَ يُمَدَّنْ ، لاَ يُمَدُّنْ ، لاَ تُمَدَّنْ ، لاَ تُمَدَّنْ ، لاَ تُمَدُّنْ ، لاَ تُمَدِّنْ ، لاَ أُمَدَّنْ ، لاَ نُمَدَّنْ

From the Treasures of Arabic Morphology

اسم الآلة	اسم الظرف	اسم المفعول	اسم الفاعل
مَمَدٌّ	مَمَدٌّ	مَمْدُوْدٌ	مَادٌّ
مَمَدَّان	مَمَدَّان	مَمْدُوْدَان	مَادَّان
مَمَادُّ	مَمَادُّ	مَمْدُوْدُوْنَ	مَادُّوْنَ
مَمَدَّةٌ		مَمْدُوْدَةٌ	مَادَّةٌ
مَمَدَّتَان		مَمْدُوْدَتَان	مَادَّتَان
مَمَادُّ		مَمْدُوْدَاتٌ	مَادَّاتٌ
مِمْدَادٌ			
مِمْدَادَان			
مَمَادِيْدُ			

Analysis

(1) From (مَدَدْنَ) till the end, no (إدغام) of the first (د) applies because the second radical is (ساكن).

(2) However, from (مَدَدْتَّ) onwards, (إدغام) applies because the (د) and (ت) are (قريب المخرج) – close in source of pronunciation.

(3) Rule no. 5 has been applied to (لَمْ يَمُدَّ) etc.

Exercise 53

(1) Conjugate the following verbs in detail:

(1) سَبَّ يَسُبُّ
(2) ظَنَّ يَظُنُّ
(3) هَبَّ يَهُبُّ
(4) لَبَّ يَلُبُّ
(5) كَبَّ يَكُبُّ

(2) What is the word-form (صيغة) of the following words:

(1) يَلْفُوْنَ
(2) لَمْ تَصْدُدْنَ
(3) لَنْ تَذُبِّيْ
(4) لَيَشُمُّنَّ
(5) دُرَّ

مضاعف من باب ضرب

فَرَّ يَفِرُّ فِرَارًا فهو فَارٌّ الامر منه فِرَّ فِرِّ إفْرِرْ والنهي عنه لاَ تَفِرَّ لاَ تَفِرِّ لاَ تَفْرِرْ الظرف منه مَفِرٌّ

مضاعف من باب سمع

مَسَّ يَمَسُّ مَسًّا فهو مَاسٌّ و مُسَّ يُمَسُّ مَسًّا فهو مَمْسُوسٌ الامر منه مَسَّ مَسِّ إمْسَسْ والنهي عنه لاَ تَمَسَّ لاَ تَمَسِّ لاَ تَمْسَسْ الظرف منه مَمَسٌّ

مضاعف من باب إفتعال

إضْطَرَّ يَضْطَرُّ إضْطِرَارًا فهو مُضْطَرٌّ و أُضْطُرَّ يُضْطَرُّ إضْطِرَارًا فهو مُضْطَرٌّ الامر منه إضْطَرَّ إضْطَرِّ إضْطَرِرْ والنهي عنه لاَ تَضْطَرَّ لاَ تَضْطَرِّ لاَ تَضْطَرِرْ الظرف منه مُضْطَرٌّ

In this (باب), the (اسم الفاعل), (اسم المفعول) and (اسم الظرف) have become similar in form but the original of the (اسم الفاعل) was (مكسور العين) while the (اسم المفعول) and (اسم الظرف) was (مفتوح العين).

مضاعف من باب إنفعال

إِنْسَدَّ يَنْسَدُّ إِنْسِدَادًا فهو مُنْسَدٌّ الامر منه إِنْسَدَّ إِنْسَدِّ إِنْسَدِدْ والنهي عنه لاَ تَنْسَدَّ لاَ تَنْسَدِّ لاَ تَنْسَدِدْ الظرف منه مُنْسَدٌّ

مضاعف من باب إستفعال

إِسْتَقَرَّ يَسْتَقِرُّ إِسْتِقْرَارًا فهو مُسْتَقِرٌّ الامر منه إِسْتَقِرَّ إِسْتَقِرِّ إِسْتَقْرِرْ والنهي عنه لاَ تَسْتَقِرَّ لاَ تَسْتَقِرِّ لاَ تَسْتَقْرِرْ الظرف منه مُسْتَقَرٌّ

مضاعف من باب إفعال

أَمَدَّ يُمِدُّ إِمْدَادًا فهو مُمِدٌّ و أَمَدَّ يُمَدُّ إِمْدَادًا فهو مُمَدٌّ الامر منه أَمِدَّ أَمِدِّ أَمْدِدْ والنهي عنه لاَ تُمِدَّ لاَ تُمِدِّ لاَ تُمْدِدْ الظرف منه مُمَدٌّ

مضاعف من باب تفعيل

جَدَّدَ يُجَدِّدُ تَجْدِيدًا فهو مُجَدِّدٌ و جُدِّدَ يُجَدَّدُ تَجْدِيدًا فهو مُجَدَّدٌ الامر منه جَدِّدْ والنهي عنه لاَ تُجَدِّدْ الظرف منه مُجَدَّدٌ

مضاعف من باب تفعُّل

تَخَفَّفَ يَتَخَفَّفُ تَخَفُّفًا فهو مُتَخَفِّفٌ و تُخُفِّفَ يُتَخَفَّفُ تَخَفُّفًا فهو

مُتَخَفَّفٌ الامر منه تَخَفَّفْ والنهي عنه لاَ تَتَخَفَّفْ الظرف منه مُتَخَفَّفٌ

The rules of (إدغــام) have not been applied in these two paradigms.

مضاعف من باب مفاعلة

حَاجَّ يُحَاجُّ مُحَاجَّةً فهو مُحَاجٌّ و حُوْجَّ يُحَاجُّ مُحَاجَّةً فهو مُحَاجٌّ الامر منه حَاجَّ حَاجِّ حَاجِجْ والنهي عنه لاَ تُحَاجَّ لاَ تُحَاجِّ لاَ تُحَاجِجْ الظرف منه مُحَاجٌّ

Wherever (إدغــام) has been applied in this (بــاب), it is due to rule no. 4.

مضاعف من باب تفاعل

تَضَادَّ يَتَضَادُّ تَضَادُدًا فهو مُتَضَادٌّ و تُضُوْدَّ يُتَضَادُّ تَضَادُدًا فهو مُتَضَادٌّ الامر منه تَضَادَّ تَضَادِّ تَضَادَدْ والنهي عنه لاَ تَتَضَادَّ لاَ تَتَضَادِّ لاَ تَتَضَادَدْ الظرف منه مُتَضَادٌّ

A Combination of (مهموز), (مضاعف) and (معتل)

مهموز الفا ومضاعف من باب نصر

أَمَّ يَؤُمُّ إِمَامَةً فهو آمٌّ و أُمَّ يَأَمُّ إِمَامَةً فهو مَأْمُومٌ الامر منه أُمَّ أُمِّ أُمُّ أُومُمْ والنهي عنه لاَ تَأُمَّ لاَ تَأُمِّ لاَ تَأُمُّ لاَ تَأْمُمْ الظرف منه مَأَمٌّ

Analysis

(1) The rules of (مهموز) apply to the hamzah while the rules of (مضاعف) apply to the doubled letters (متجانسين). At the time of conflict, the rules of (مضاعف) will be given preference.

(2) In the word (يَؤُمُّ), the rule of (رَأْسٌ) was not applied. Rather the rule of (يَمُدُّ) was given preference.

(3) After applying (إدغام) to the word (أَؤُمُّ), the rule of (أَوَادِمُ) was applied whereby the hamzah changed to (و). It becomes (أَوُمُّ).

مثال ومضاعف من باب سمع

وَدَّ يَوَدُّ وُدًّا فهو وَادٌّ و وُدَّ يُوَدُّ وُدًّا فهو مَوْدُودٌ الامر منه وَدَّ وَدِّ إِيْدَدْ والنهي عنه لاَ تَوَدَّ لاَ تَوَدِّ لاَ تَوْدَدْ الظرف منه مَوَدٌّ مَوَدَّانِ مَوَادُّ والآلة منه مِوَدٌّ مِوَدَّانِ مَوَادُّ مِوَدَّةٌ مِوَدَّتَانِ مَوَادُّ مِيْدَادٌ مِيْدَادَانِ مَوَادِيْدُ

From the Treasures of Arabic Morphology

وأفعل التفضيل منه أَوَدُّ أَوَدَّانِ أَوَدُّونَ و أَوَادُّ والمؤنث منه وُدَّى وُدَّيَانِ وُدَدٌ و وُدَّيَاتٌ

Analysis

(1) The rules of (مضاعف) apply to the doubled letters (متجانسين) while the rules of (معتلّ) apply to the (و). At the time of conflict, the rules of (مضاعف) will be given preference.

(2) In the word (مَوَدٌّ), the rule of (معتلّ) required the (و) to be changed to (ي) while the rule of (مضاعف) requires the transferring of the harakah of the first (د) to the (و). The latter has been given preference.

مثال ومضاعف من باب سمع

إِيْتَمَّ يَأْتَمُّ إِيْتِمَامًا فهو مُؤْتَمٌّ و أُوْتَمَّ يُؤْتَمُّ إِيْتِمَامًا فهو مُؤْتَمٌّ الامر منه إِيْتَمَّ إِيْتَمِّ إِيْتَمِمْ والنهي عنه لاَ تَأْتَمَّ لاَ تَأْتَمِّ لاَ تَأْتَمِمْ الظرف منه مُؤْتَمٌّ

If there is a (نون ساكن) in one word followed any of the letters of (يرملون) in another word, (إدغام) will be applied to the (نون ساكن).

302

From the Treasures of Arabic Morphology

Examples

and (مِنْ رَّبِّكَ), (لَدُنَّا), (مَنْ يَّرْغَبُ), (رَءُوْفٌ رَّحِيْمٌ)

(صَالِحًا مِّنْ ذَكَرٍ). (The tanwīn is a nūn sākin in reality).

If the letters are in one word, (إدغــام) will not apply, e.g.
(دُنْيَا), (صِنْوَانٌ).

The (ل) of the definite article (ال) becomes assimilated in the (حروف شمسية), e.g. (وَالشَّمْسِ).

The (حروف شمسية) are:

(ت ث د ذ ر ز س ش ص ض ط ظ ل ن)

It is not assimilated in the remaining letters of the alphabet, e.g. (وَالْقَمَرِ).

The remaining letters are called (حروف قمرية).

Exercise 54

(1) Conjugate the following verbs in detail:

(1) عَضَّ يَعَضُّ

(2) ظَلَّ يَظَلُّ

(3) إظَّنَّ

(4) إحْوَوَّى

(5) قَرَّرَ

Special Meanings of Each (باب)

خاصيات الأبواب

The (خاصية) refers to the extra meaning of a verb besides its literal meaning, e.g. (أَخْرَجَ) means to expel. The verb is transitive. Here (خاصية) refers to the latter meaning, namely that of being transitive.

The vastness of the Arabic language can be estimated from the (خاصيات) due to the fact that one verb can have so many different shades of meaning merely by using the verb in different categories (أبواب).

The (خاصية) of (باب نصر)

(مُغَالَبَةٌ) – to mention a verb after (باب مفاعلة) to show that one object overpowers another, e.g. (خَاصَمَنِيْ الرَّجُلُ فَخَصَمْتُهُ) – The man disputed with me and I overcame him in the dispute.

The (خاصية) of (باب ضرب)

The (خاصية) of this category is also (مُغَالَبَةٌ) on condition it is either (مثال), (أجوف يائي) or (ناقص يائي).
Example:

(وَاعَدَنِيْ رَشِيْدٌ فَوَعَدتُّهُ) – I and Rashīd made a mutual promise and I was predominant in the promise.

The (باب سمع) of (خاصية)

This (باب) most often has verbs which have the meaning of illnesses, grief, joy, colours, defects or physical forms, e.g. (سَقِمَ) – to become ill.

(حَزِنَ) – to be grieved.

(فَرِحَ) – to become happy.

(كَدِرَ) – to be blackish.

(عَوِرَ) – to be one-eyed.

(بَلِجَ) – to have broad eyebrows.

This (باب) is mostly intransitive.

The (باب كرم) of (خاصية)

This (باب) is always intransitive. It refers to the natural qualities of a person that are of a permanent nature or a temporary nature achieved by experience.

Examples: (حَسُنَ) – to be handsome, (قَبُحَ) – to be ugly,

(فَقُهَ) – to have understanding,

From the Treasures of Arabic Morphology

The Derived Categories

The (خاصية) **of** (باب افعال)

(1) (تَعْدِيَةٌ) – to make an intransitive verb transitive and if it is already transitive, to make it doubly transitive, e.g. (نَزَلَ) – to descend, (أَنْزَلَ) – to send down; (سَمِعَ) – to hear, (أَسْمَعَ) – to make someone hear.

(2) (تَصْيِيْرٌ) – to make the doer (فاعل) or the object (مفعول) obtain the root (مأخذ) of the verbal noun (مصدر) from which the verb is formed, e.g. (أَشْرَكْتُ النَّعْلَ) – I provided the shoe with shoelaces. The (مأخذ - root) is (شِرَاكٌ) meaning shoelaces. (أَثْمَرَ) - to bear fruit. The (مأخذ) is (ثَمَرٌ) meaning fruit.

(3) (تَعْرِيْضٌ) – to take the object to the place of the noun (مأخذ), e.g. (أَبَعْتُهُ) – I took it to the place of selling, that is the market. The (مأخذ) is (بيع).

(4) (وِجْدَانٌ) – to find something described with the (مأخذ), e.g. (أَبْخَلْتُهُ) – I found him to be stingy; (أَكْرَمْتُهُ) - I found him to be noble; (أَحْمَدْتُهُ) – I found him to be praiseworthy.

(5) (سَلْبُ الْمَأْخَذِ) – to remove the (مأخذ) from something. This is of two types:

[1] if the verb is intransitive, the (مأخذ) will be removed from the doer e.g. (أَقْسَطَ الرَّجُلُ) – the man removed oppression from himself, that is, he was just.

[2] if the verb is transitive, the (مأخذ) will be removed from the object e.g. (أَقْذَيْتُ عَيْنَ الرَّجُلِ) – I removed dirt from the eye of the man.

(6) (إِعْطَاءُ الْمَأْخَذِ) – the doer gives the object the (مأخذ), e.g. (أَعْظَمْتُ الْكَلْبَ) – I gave the dog a bone.

(7) (بُلُوْغٌ) – the doer reaches the (مأخذ) or enters it, e.g. (أَصْبَحَ الرَّجُلُ) – the man reached in the morning; (أَعْرَقَ الرَّجُلُ) – the man reached Iraq.

(8) (صَيْرُوْرَةٌ) – It has three meanings:

[1] to become the possessor of the (مأخذ), e.g. (أَلْبَنَتِ الْبَقَرَةُ) – the cow became one with milk.

[2] the doer becomes the possessor of something that is described by the (مأخذ), that is, it has the quality of the (مأخذ), e.g. (أَجْرَبَ الرَّجُلُ) – the man became the owner of mangy[19] camels.

---

[19] A skin disease affecting hairy animals that causes an itch.

[3] the doer becomes the possessor of something in the place or time of the (مأخذ), e.g. (أَخْرَفَتِ الشَّاةُ) – the goat bore offspring in the autumn season.

(9) (إِسْتِحْقَاقٌ) – the doer becomes entitled to the (مأخذ), e.g. (أَزْوَجَتْ هِنْدٌ) – Hind was entitled to be married.

(10) (حَيْنُوْنَةٌ) – the doer reaches at the time of the (مأخذ), e.g. (أَحْصَدَ الزَّرْعُ) – the crop was ready to be harvested.

(11) (مُبَالَغَةٌ) – the meaning of the (مأخذ) is strengthened, either by making the act more final or making it more intense and wider in application, e.g. (أَثْمَرَ النَّخْلُ) – the date palm bore much fruit; (أَسْفَرَ الصُّبْحُ) – the morning became very bright.

(12) (إِبْتِدَاءٌ) – the verb is initially used from (باب إفعال). This can be of two types: either the verb is not used in its root form (مجرد), e.g. (أَرْقَلَ) – to hasten; or the verb is used in the root form but for another meaning, e.g. (أَشْفَقَ) – to fear while the root form (شَفَقَ) means to be compassionate.

(13) (مُوَافَقَةٌ) – to be synonymous with another verb, e.g. (دَجَي اللَّيْلُ وَ أَدْجَي) – both mean: the night spread.

(14) (مُطَاوَعَةٌ) – to mention a verb after another verb to indicate the fact that the object has accepted the effect of the doer, e.g. (بَشَّرْتُهُ فَأَبْشَرَ) – I gave him glad tidings so he became happy.

(15) (نِسْبَةٌ) – making a relationship of something to the (مأخذ), e.g. (أَكْفَرْتُ الرَّجُلَ) – I made a relationship of disbelief to the man.

(16) (إِلْزَامٌ) – to make a transitive verb intransitive, e.g. (حَمِدَ سَالِمٌ اللهَ) – Sālim praised Allâh. (أَحْمَدَ سَالِمٌ) – Sālim was praiseworthy.

The (خاصيات) of (باب تفعيل)

(1) (تعدية) – Example: (قَعَّدْتُ الرَّجُلَ) - I made the man sit.

(2) (سلب) – Example: (قَشَّرْتُ الفَاكِهَةَ) - I removed the peel of the fruit.

(3) (تصيير) – Example: (فَحَّى القِدْرَ) – He placed spices in the pot.

(4) (صيرورة) – Example: (نَوَّرَ الشَّجَرُ) – The tree bloomed.

309

(5) (بلوغ) – Example: (عَمَّقَ الطَّالِبُ فِي الْعِلْمِ) – The students reached the depths of knowledge.
(خَيَّمَ) – He came into the tent.

(6) (مبالغة) – This is of three types:
Intensity in the verb, e.g. (جَوَّلَ التِّلْمِيْذُ) – The student roamed a lot.
Intensity in the doer, e.g. (مَوَّتَت الْإِبِلُ) – Many camels died.
Intensity in the object, e.g. (غَلَّقت الْأَبْوَابَ) – She locked many doors.

(7) (نسبة) – Example: (فَسَّقْتُ الرَّجُلَ) – I made a relationship of transgression to the man.

(8) (إلْبَاسٌ) – to make something don the (مأخذ), e.g. (جَلَّلْتُ الْفَرَسَ) – I draped the horse with a horse cloth.[20]

(9) (تَخْلِيْطٌ) – to join the (مأخذ) to something, e.g. (ذَهَّبْتُ السَّيْفَ) – I applied gold to the sword.

(10) (تَحْوِيْلٌ) – to make something into the (مأخذ) or similar to the (مأخذ), e.g. (نَصَّرَ الرَّجُلَ) – He converted the man into a

---

[20] A cloth used to cover animals to protect them from the cold.

From the Treasures of Arabic Morphology

Christian; (خَيَّمْتُ الرِّدَاءَ) – I made the sheet like a tent.

(11) (قَصْرٌ) – to abbreviate a sentence and express it by means of a single verb, e.g. (هَلَّلَ) – to say 'Lâ ilâha illallâh'; (سَبَّحَ) - to say 'Subḥānallâh'.

(12) (مُوَافَقَةٌ) – to have a similar meaning as (مجرد), (باب إفعال) and (باب تفعّل).

Examples: (تَمَّرْتُهُ وَتَمَرْتُهُ) – I gave him a date.

(تَمَّرَ وَأَتْمَرَ) – The date dried out.

(تَرَّسَ وَتَتَرَّسَ) – He used the shield.

(13) (إبتداء) – Example: (كَلَّمْتُهُ) – I spoke to him. This meaning is new in (باب تفعيل) because the (مجرد) of the verb means to injure.

The (خاصيات) of (باب مفاعلة)

(1) (مُشَارَكَةٌ) – the relation or application of the act to another person, e.g. (كَتَبَ) – to write; (كَاتَبَ) – to write to someone, that is, to correspond.

(2) (مُوَافَقَةٌ) – to have the same meaning as (مجرد), (باب إفعال),

311

From the Treasures of Arabic Morphology

(باب تفاعل) and (باب تفعيل).

Examples: (سَافَرَ و سَفَرَ) – He travelled.

(بَاعَدْتُهُ وَأَبْعَدْتُهُ) – I distanced him.

(شَائَمَ الرَّجُلَان .بمعنى تَشَاتَمَا) – The two men abused one another.

(ضَاعَفْتُ الشَّيْءَ وضَعَّفْتُهُ) – I doubled the thing.

(3) (تَصْيِيْرٌ) – e.g. (عَافَاكَ اللهُ أي جعلك اللهُ ذا عافية) – May Allâh grant you well-being.

(4) (ابْتِدَاءٌ) – e.g. (قَاسَى هَذِهِ الشِّدَّةَ) – He bore this hardship. The (مجرد) which is (قَسْوَةٌ) means to be hard-hearted.

The (خاصيات) of (باب إفتعال)

(1) (إِتِّخَاذٌ) – This is of four types.

   (a) to make the (مأخذ), e.g. (إِجْتَحَرَ) – He made a hole.

   (b) to hold, take or choose the (مأخذ), e.g. (إِجْتَنَبَ) – He held the side.

   (c) to make the object into the (مأخذ), e.g. (إِغْتَذَى الشَّاةَ) – He made the sheep into food.

   (d) to hold the object in the (مأخذ), e.g. (إِعْتَضَدَهُ) – He held it in his armpit.

From the Treasures of Arabic Morphology

(2) (تَصَرُّفٌ) – to attempt to achieve an act, e.g. (إِكْتَسَبَ) – He attempted to earn wealth.

(3) (تَخْيِيْرٌ) – to do an act for oneself, e.g. (إِكْتَالَ الشَعِيْرَ) – He measured the barley for himself.

(4) (مُطَاوَعَةٌ) – Example: (غَمَمْتُهُ فَاغْتَمَّ) – I made him grieve, so he began grieving.

(5) (مُوَافَقَةٌ) – Examples: (إِبْتَلَجَ وبَلَجَ) – It became bright.

(أَحْتَجَزَ وأَحْجَزَ) – He entered Hijāz.

(إِرْتَدَى وتَرَدَّى) – He donned the sheet.

(إِخْتَصَمَ الرَّجُلَانِ وتَخَاصَمَا) – The two men disputed among themselves.

(إِيْتَجَرَ وإِسْتَأْجَرَ) – He sought a rental.

(6) (إِبْتِدَاءٌ) – This is of two types.

(a) there is no (مجرد), e.g. (إِبْتَأَمَ) – to slaughter a hungry goat.

(b) the (مجرد) has a different meaning, e.g. (إِسْتَلَمَ) – He kissed the stone, (سَلِمَ) – He was safe.

The (خاصيات) of (باب إنفعال)

(1) (لُزُوْمٌ) – to be intransitive, e.g. (إِنْكَسَرَ) – It broke.

(2) (عِلَاجٌ) – to perceive something with the senses, that is, the acts are related to the external limbs.

(3) (مُطَاوَعَةٌ) – Examples: (كَسَرْتُهُ فَانْكَسَرَ) – I broke it, so it broke.
(أَغْلَقْتُ الْبَابَ فَانْغَلَقَ) – I locked the door and so it was locked.

(4) (مُوَافَقَةٌ) – Example: (إِنْحَجَرَ) بمعنى أَحْجَزَ - He reached Hijâz. This meaning is seldom used.

(5) (إِبْتِدَاءٌ) – Example: (إِنْطَلَقَ) – He went away. (طَلَقَ) – to be cheerful.

The (خاصيات) of (باب إفعلال)

(1) (لُزُوْمٌ) , (مُبَالَغَةٌ), (لَوْنٌ) - colours and (عَيْبٌ) – defects.
Examples: (إِحْمَرَّ) – It became very red.
(إِحْوَلَّ) – He became one-eyed.

The (خاصيات) of (باب تفعّل)

(1) (مُطَاوَعَةٌ) – Example: (قَطَّعْتُهُ فَتَقَطَّعَ) – I cut it into pieces and so it became pieces.

(2) (تَكَلُّفٌ) – to think or to represent oneself to have a certain quality or status, e.g. (تَصَبَّرَ) – He represented himself as having patience.

(3) (تَجَنُّبٌ) – to refrain from the (مأخذ), e.g. (تَحَوَّبَ) – He refrained from sin.

(4) (لَبْسٌ) – to don the (مأخذ), e.g. (تَخَتَّمَ) – He wore a ring.

(5) (تَعَمُّلٌ) – Example: (تَدَهَّنَ) – He used the oil.

(6) (إِتِّخَاذٌ) – This is of four types.

   (a) to make the (مأخذ), e.g. (تَخَيَّمْتُ) – I made the tent.

   (b) to hold, take or choose the (مأخذ), e.g. (تَجَنَّبَ) – He held the side.

   (c) To make the object into the (مأخذ), e.g. (تَوَسَّدَ الْحَجَرَ) – He used the stone as a pillow.

   (d) To hold the object in the (مأخذ), e.g. (تَأَبَّطَ الصَّبِيَّ) – He held the child in his armpit.

(7) (تَدْرِيْجٌ) – to do an act slowly and several times. This is then of two types.
  (a) It is possible to achieve the act once but the doer does it slowly, e.g. (تَجَرَّعَ) – He drank in sips.
  (b) It is not generally possible to achieve the act once, e.g. (تَحَفَّظَ الْقُرْآنَ) – He memorized the Qur'ân a little at a time.

(8) (تَحَوُّلٌ) – to become the (مأخذ) or similar to the (مأخذ), e.g. (تَنَصَّرَ) – He became a Christian; (تَبَحَّرَ) – He became like the ocean.

(9) (صَيْرُوْرَةٌ) – Example: (تَمَوَّلَ) – He became wealthy.

(10) (مُوَافَقَةٌ) – to have the same meaning as the (مجرّد), (باب إفعال) and (باب استفعال). Examples: (تقبَّلَ و قَبِلَ) – He accepted. (تَهَجَّدَ وَأَجْهَدَ) – He remained awake. (تَحَوَّجَ و اسْتَحْوَجَ) – He sought a need.

(11) (إِبْتِدَاءٌ) – This is of two types. Either there is no (مجرد) or there is a (مجرد) but it has a different meaning. Examples: (تَشَمَّسَ) – He stood in the sun. (تَكَلَّمَ) – He spoke. (كَلَمَ) – to injure.

The (خاصيات) of (باب تفاعُل)

(1) (تَشَارُكٌ) – This is similar to (مشاركة) of (باب مفاعلة). However, the difference between the two is that in (باب مفاعلة), one is mentioned as the doer (فاعل) while the other is mentioned as the object (مفعول) while in (باب تفاعل), both are mentioned as doers but in reality each one is the doer as well as the object, e.g. (تَشَاتَمَ رَيْحَانُ وَ فَرْحَانُ) – Rayhân and Farhân abused each other.

(2) (تَخْيِيْلٌ) – to simulate a state or status or representing oneself to have it, e.g. (تَمَارَضَ) – He pretended to be sick.

(3) (مُطَاوَعَةٌ) – Example: (بَاعَدْتُهُ فَتَبَاعَدَ) – I distanced him so he was at a distance.

(4) (مُوَافَقَةٌ) – Examples: (تَعَالَيَ بمعنى عَلاَ) – to be high; (تَيَامَنَ بمعنى أَيْمَنَ) – to enter the right side.

(5) (إِبْتِدَاءٌ) – Example: (تَبَارَكَ) – Allâh is most blessed. (بَرَكَ) – The camel sat.

The (خاصيات) of (باب إستفعال)

(1) (طَلَبٌ) – To seek the (مأخذ), e.g. (إسْتَغْفَرْتُ اللهَ) – I sought forgiveness from Allâh.

(2) (إسْتِحْقَاقٌ أو لِيَاقَةٌ) – to be entitled to the (مأخذ), e.g. (إسْتَرْقَعَ الثَّوْبُ) – The clothing was entitled to a patch.

(3) (مُطَاوَعَةٌ) – (مُطَاوَعَةٌ) – Example: (أَقَمْتُهُ فَاسْتَقَامَ) – I made him stand, so he stood up.

(4) (وِجْدَانٌ) – Example: (إسْتَكْرَمْتُهُ) – I found him to be noble.

(5) (حِسْبَانٌ) – to regard something as being described by the (مأخذ), e.g. (إسْتَحْسَنْتُهُ) – I thought him to be good.

The difference between (وِجْدَانٌ) and (حِسْبَانٌ) is that there is certainty in the former and doubt in the latter.

(6) (تَحَوُّلٌ) – to become the (مأخذ) or to become similar to the (مأخذ), e.g. (إسْتَحْجَرَ الطِّينُ) – The mud became a stone.

(7) (إتِّخَاذٌ) – Example: (إسْتَوْطَنَ الهِنْدَ) – He made India his homeland.

From the Treasures of Arabic Morphology

(8) (قَصْرٌ) – to abbreviate a phrase, e.g. (إِسْتَرْجَعَ) – to say (إِنَّا لِلّٰه وَإِنَّا إِلَيْهِ رَاجِعُوْنَ).

(9) (إِسْتَقَرَّ) – Examples: (مُوَافَقَةُ مجرد و افعال و تفعّل و إفتعال) (وَقَرَّ و إِسْتَكْبَرَ) – to settle down, (إِسْتَجَابَ و أَجَابَ) – to reply, (إِسْتَعْصَمَ وَإِعْتَصَمَ) – to resist a temptation, (تَكَبَّرَ) – to be arrogant.

(10) (إِبْتِدَاءٌ) – Example: (إِسْتَأْجَزَ عَلَى الْوِسَادَةِ) – He leaned over the pillow.

The (خاصيات) of (باب إفعيعال)

(1) (لُزُوْمٌ) – This verb is mostly intransitive. Sometimes it can be transitive, e.g. (إِحْلَوْلَيْتُهُ) – I regarded it as sweet.

(2) (مُبَالَغَةٌ) – Example: (إِعْشَوْشَبَ الْأَرْضُ) – The land became full of grass.

(3) (مُطَاوَعَةٌ) – Example: (تَنَيْتُهُ فَاثْنَوْنَى) – I wrapped it so it was wrapped.

(4) (مُوَافَقَةٌ) – Example: (إِحْلَوْلَيْتُهُ و إِسْتَحْلَيْتُهُ) – I thought it to be sweet.

The (خاصیات) of (باب إفعیلال)

Like (باب إفعلال), this category also has the following four meaning patterns:
(عَيْبٌ) and (لَوْنٌ), (مُبَالَغَةٌ), (لُزُومٌ)

Examples: (إشْهَابَّ) – It became very white.

(إحْوَالَّ) – He became one-eyed.

The (خاصیات) of (باب إفعوّال)

(1) (مُبَالَغَةٌ) – Example: (إحْلَوَّذَ) – He ran very fast.

This category is (مقتضَب), that is, a word which has no (أصل) origin nor something similar to the origin.

There are two differences between (إبتداء) and (إقتضاب). It is a condition for (إقتضاب) that it must not be used in (ثلاثي مجرد). For (إبتداء), this is not a condition. Secondly, it is a condition for (إقتضاب) to be free of letters of (إلحاق) and extra letters brought for a particular meaning (حرف زائد للمعنى).

An example of a letter of (إلحاق) is the (ل) of the verb (شَمْلَلَ)

which was increased to bring this verb onto the scale of (دَحْرَجَ). An example of a letter of (حرف زائد للمعنى) is the hamzah of (أَكْرَمَ) which was added to the verb to render it transitive.

The (خاصيات) of فَعْلَلَةٌ (باب)

This category has many meaning patterns some of which are:

(1) (قَصْرٌ) – Example: (بَسْمَلَ) – He recited 'Bismillâh...'.

(2) (إِلْبَاسٌ) – Example: (بَرْقَعْتُهُ) – I made him don a burqa'.

(3) (مُطَاوَعَةٌ) – Example: (غَطْرَشَ اللَّيْلُ فَغَطْرَشَ) – The night hid his sight so it became hidden.

This category is used mostly as (صحيح) and (مضاعف) and sometimes as (مهموز), e.g. (زَلْزَلَ), (وَسْوَسَ).

The (خاصيات) of تَفَعْلُلٌ (باب)

(1) (مُطَاوَعَةٌ) – Example: (دَحْرَجْتُهُ فَتَدَحْرَجَ) – I rolled it so it began rolling.

(2) (إقتضاب) – Example: (تَهَبْرَسَ) – He walked conceitedly.

From the Treasures of Arabic Morphology

(3) (مُوَافَقَةٌ) – Example: (تَغَدْمَرَ بمعنى غَدْمَرَ) – He screamed.

(باب إفعنلال) of (خاصيات) The

(1) (لُزُوْمٌ) – Example: (إِحْرَنْجَمَ) – to gather.

(2) (مُطَاوَعَةٌ) – Example: (نَعْجَرْتُهُ فَاثْعَنْجَرَ) – I made his blood flow and so it began flowing.

(باب إفعلّال) of (خاصيات) The

(1) (لُزُوْمٌ) – Example: (إِقْشَعَرَّ) – to shudder.

(2) (مُطَاوَعَةٌ) – Example: (طَمْأَنْتُهُ فَاطْمَأَنَّ) – I pacified him so he was calmed.

(3) (إِقتضاب) – Example: (إِكْفَهَرَّ النَّجْمُ) – The star shone.

From the Treasures of Arabic Morphology

Application of the Special Meanings

Quote 1:

أصول) excerpt from – (اَلْحَمْدُ لِلَّهِ الَّذِيْ أَعْلَى مَنْزِلَةَ الْمُؤْمِنِيْنَ)
(الشاشي)

Translation: "All praises are due to Allâh who raised the status of all the believers."

Teacher: What special meaning of (باب إفعال) is found in the verb (أَعْلَى)?

Student: The meaning of (تعدية) – to be transitive is found in this verb because the (مجرد) of this verb is (عَلَا) which means to be high. This is intransitive. When it was taken to (باب إفعال), it became transitive, having the meaning of 'raising'.

Quote 2:

(فَإِذَا عَايَنَ الْبَيْتَ كَبَّرَ وَهَلَّلَ وَرَفَعَ يَدَيْهِ مَعَ التَّكْبِيْرِ) – excerpt from
(القدوري)

Translation: "When he sees the Ka'bah, he should say 'Allâhu Akbar' and 'Lâ-ilâha illallâh'..."

Teacher: What special meaning of (باب تفعيل) is found in the verb (كَبَّرَ) and (هَلَّلَ)?

Student: The meaning of (قصر) – to abbreviate - is found in this verb.

Quote 3:

(القدوري) excerpt from – (وَإِنْ شَاءَ تَصَدَّقَ عَلَى سِتَّة مَسَاكِيْنَ)

Translation: "If he wants, he can give charity to six poor persons..."

Teacher: What special meaning of (باب تفعّل) is found in the verb (تَصَدَّقَ)?

Student: The meaning of (إبتداء) is found in this verb because the (مجرد) is (صَدَقَ) which means 'to speak the truth'.

From the Treasures of Arabic Morphology

Challenging Words

A few difficult verbs of the Holy Qur'ân and other verbs will be mentioned here because the purpose of learning morphology and syntax is to understand the meaning of the glorious Qur'ân. An explanation of these verbs generally refreshes one's knowledge of morphology.

The verbs will be written according to their pronunciation and not according to their Qur'ânic script so that the student can exercise his mind in trying to figure out the original word. In the analysis, the correct written form of the word will be provided.

فَتَّقُوْنْ

Analysis: This is the imperative (أمر) of the verb (وقي), the (صيغة) being (جمع مذكر حاضر). The original word was (فَ اتَّقُوْنِيْ), from the (باب) of (إفتعال). It was constructed from the word (تَتَّقُوْنَ) which was originally (تَتَقِيُوْنَ). The (ضمة) of the (ي) was transferred to the preceding letter after deleting its harakah. Due to (اجتماع الساكنين), the (ي) which was then changed to (و) was deleted. Due to the entry of the (ف), the (همزة) (نون الإعراب) of (إتَّقُوْا) was deleted. The final (ن) is not (الوصل) but (نون الوقاية) which enters the end of a verb between the verb and the (ي متكلم) to protect it from receiving a (كسرة). It was

325

From the Treasures of Arabic Morphology

originally (فَاتَّقُوْنِيْ). The (ي متكلم) was deleted and the (كسرة) of the (نون الوقاية) was sufficed upon. This occurs very often. Due to a (وقف), the (كسرة) is also not pronounced. It becomes (فَاتَّقُوْنْ).

فَرْهَبُوْنْ

Analysis: This is similar to (فَاتَّقُوْنْ). The original word was (فَارْهَبُوْنِيْ). It is the imperative of the verb (رَهِبَ), the (باب) being (سمع). It is written as (فَارْهَبُوْنْ).

Most often confusion arises in verbs where (وقف) or (جزم) occurs, a (نون الوقاية) is added to the end of the word and (وقف) is made on the (نون) after deleting the (ي متكلم). The student is perplexed to find a (نون الإعراب) in spite of (وقف) or (جزم) whereas the (نون) is (نون الوقاية).

Similarly, a verb can sound confusing when the (همزة الوصل) is deleted from the middle of a sentence, especially when a student is asked to identify the verb by joining the words and reading them to him, e.g. in the verse (يَاأَيَّتُهَا النَّفْسُ الْمُطْمَئِنَّةُ ارْجِعِيْ) to read it as (تُرْجِعِيْ), in (يَاأَيُّهَا النَّاسُ اعْبُدُوْا), to read the verb as (سُعْبُدُوْا), in (قِيْلَ ارْجِعُوْا), to read the verb as (لَرْجِعُوْ) and in (رَبِّ ارْجِعُوْنِ), to read the verb as (بِرْجِعُوْنِ).

When (مَا) or (لَا) enter the perfect tense of those verbs having (همزة الوصل), the alifs of the (مَا) and (لَا) are also not pronounced just as the (همزة الوصل) is not pronounced. The verbs therefore sound confusing when read as (لَنْفَجَرَ), (مَنْفَطَرَ), (مَجْتَنَبَ) and (مَسْتُوْرِدَ). This confusion is intensified in (باب انفعال) because the entry of (لَا) creates the word (لَنْ) while the entry of (مَا) creates the word (مَنْ). The same rule applies to the word (مَحْلُوْلَيْنَ). Besides being the (جمع مذكر) of (اسم المفعول) from (حُلُوْلٌ), it can also be (جمع مؤنث غائب), the tense being (نفي) (الماضي مجهول ناقص) from (باب إفعيعال).

Similarly, the word (مَضْرُوْبَيْنَ) is from (باب إفعيعال).

فَدَّارَأْتُمْ

Analysis: It was originally (فَتَدَارَأْتُمْ), the word-form being (جمع مهموز) (مذكر حاضر غائب) (الماضي المعروف المثبت). It is

327

From the Treasures of Arabic Morphology

(اللام) from (باب إفَّاعلِ). It was (ادَّارَأْتُمْ). Due to the entry of the (همزة الوصل) is deleted. the (ف),

لَنْفَضُّوْا

Analysis: This verb is (جمع مذكر غائب), the tense being (الماضي المعروف المثبت) from (باب انفعال). The (ل) of emphasis entered the verb, thereby deleting the (همزة الوصل).

أَسْتَغْفَرْتَ

Analysis: Due to the entry of (همزة الإستفهام), the (همـزة) (الوصـل) (إِسْـتَغْفَرْتَ) was deleted. The original word was from (باب إستفعال).

تَظَاهَرُوْنَ

Analysis: This was originally (تَتَظَاهَرُوْنَ). It is (جمـع مـذكر حاضـر), the tense being (مضـارع معـروف). One (ت) was deleted according to the rule of (باب تفاعل).

328

From the Treasures of Arabic Morphology

وَلْتَأْتِ

Analysis: واحد مؤنث (تَـأْتِيْ), This is from the verb ( ) مهموز الفـا. It is (أمـر معـروف), the tense being (غائـب), (وناقص يائي). Due to the (و), the (ل) became (ساكن).

After (و), it is compulsory (وجوبًـا) to make the (لام الأمـر) sâkin. The compulsion is due to excessive usage. After (ف), it is permissible to do so (جوازًا).

وَيَتَّقِهْ

Analysis: واحد مذكر ( ) This verb is from (باب افتعال). It is (غائب), the tense being (مضارع معروف مثبت). It was originally (يَتَّقِيْ). Due to the jussive mood (حالة الجزم), the (ي) at the end is deleted. A pronoun (ضمير) was then attached to the verb which created the scale of (تَقِه) – (فَعِلِ). Therefore the (ق) became (ساكن) as the Arabs tend to make the scale of (فَعِلٌ) into (فَعْلٌ) as in (كَتْفٌ). It is pronounced (كَتِفٌ).

From the Treasures of Arabic Morphology

أَرْجِهْ

Analysis: This is the imperative (أَرْجِ) of (باب افعال), the word-form being (واحد مذكر حاضر). The pronoun was added to the end of the verb making it (أَرْجِهْ). In the Qur'ân, after this word, the words (وَأَخَاهُ) appear. Therefore the form of (فِعِلَ) – (جِهِوَ) was formed, similar to (إِبِل). The Arabs make the middle letter of such scales also (ساكن). Consequently, the (ه) became (ساكن). It becomes (أَرْجِهْ).

عَصَوَّ

Analysis: This verb is similar to (رَمَوْا), the word-form being (جمع مذكر غائب) of the verb (عَصَيَ). The tense is (الماضي المعروف). It was succeeded by a (واو حرف العطف). The rule of assimilation (ادغام) was applied. Therefore it became (عَصَوْا وَّكَانُوْا).

أَنَّمُنَّ

Analysis: The verb is (نَمُنُّ) with (أَنْ) attached to it. The word-form is (جمع متكلم) while the tense is (مضارع معروف). Because of (أنْ) it is in the accusative case (حالة النصب). It is from (باب) like (نَمُدُّ) (نصر). Assimilation of both the nūns has taken place.

> لُمتَنِّي

Analysis: The verb is (لُمْتُنَّ), the word-from being (جمع مؤنث), the tense being (الماضي المعروف المثبت). It is from (باب) (نصر) like (قُلْتُنَّ). The (نون الوقاية) and (ي متكلم) have been attached to the end.

> إمّا تَرَيِنَّ

Analysis: From the verb (رَآي), this is the (واحد مؤنث حاضر) word-form with the tense being (مضارع معروف مثبت). It is (تَرَيْنَ). It was originally (مهموز العين وناقص يائي). Due to the (نون ثقيلة), the (نون الإعراب) was deleted. The (ي), not being a (مدة), was rendered a (كسرة).

From the Treasures of Arabic Morphology

أَلَمْ تَرَ

Analysis: From the verb (تَرَى), this is the (واحــد مـــذكر) نفي المســـتقبل المعـــروف) word-form while the tense is (حاضر مـــع لم). A (همـــزة الاســـتفهام) and (لم) have been attached before the verb, changing it into the jussive mood (حالــة الجزم).

قَالِيْنَ

Analysis: This is the (اسم الفاعل) of the verb (قَلَى), from the (باب ضرب). It was originally (قَالِيِيْنَ). Changes occurred in the word just as in (رَامِيْنَ).
A second possibility is that it could be the imperative of جمــع) from (بــاب مفاعلــة), the word-form being (قَالِي يُقَالِيْ مؤنث حاضر).
It could also be (نون) A (باب).(واحد مؤنث حاضر) of the same (الوقاية) and (ي متكلم) are attached to the end of the word. The (نون الوقاية) was deleted and the (كسرة) of the (ي متكلم) was

332

deleted due to (وقف).

The verb is not difficult to distinguish but sometimes when a word has a similar form in another language, confusion can arise. This word means carpet in Urdu and Persian and could perhaps cause confusion.

$$\boxed{يَهِدِّيْ}$$

Analysis: This verb was originally (يَهْتَدِيْ) from (باب افتعال), the word-form being (واحد مذكر غائب) and the tense (مضارع) (معروف ناقص). The rule of (باب افتعال) has been applied to it.

$$\boxed{يَخِصِّمُوْنَ}$$

Analysis: From (باب افتعال), it was originally (يَخْتَصِمُوْنَ), the word-form being (جمع مذكر غائب) and the tense (مضارع) (معروف). The rule of (باب افتعال) has been applied to it.

From the Treasures of Arabic Morphology

$\boxed{وَدَّكَرَ}$

Analysis: It is (واحد مذكر غائب) from (باب افتعال), the tense being (الماضي المعروف). It was originally (إِذْتَكَرَ). The rule of (باب افتعال) has been applied to it.

$\boxed{تَدَّعُوْنَ}$

Analysis: From (باب افتعال), it is (جمع مذكر حاضر), the tense being (مضارع معروف). It was originally (تَدْتَعِيُوْنَ).

$\boxed{مُزْدَجَرٌ}$

Analysis: This is the verbal noun (مصدر ميمي) of (باب افتعال), originally being (مُزْتَجَرٌ). It can also be the (اسم المفعول) or (اسم الظرف).

From the Treasures of Arabic Morphology

$$\boxed{\text{فَمَنِضْطُرَّ}}$$

Analysis: From (باب افتعال)، (واحد مذكر غائب) this is the word-form, the tense being (الماضي المجهول المضاعف). It was originally (فَمَنْ اُضْطُرَّ). The (همزة الوصل) was deleted because of the precedence of the (ف). The (نون) of the word (مَنْ) was rendered a (كسرة) according to the rule (الساكن إذا حُرِّكَ حُرِّكَ بالكسر). The (ت) of (افتعال) was changed to (ط).

$$\boxed{\text{مَضْطُرِرْتُمْ}}$$

Analysis: This was (مَااُضْطُرِرْتُمْ). From (باب افتعال), this is the الماضي المجهول (جمع مذكر حاضر) word-form, the tense being (المضاعف). The (همزة الوصل) was deleted because of the precedence of the (ما). The (الف) of (ما) is not pronounced due to (اجتماع الساكنين).

فَمَسْطَاعُوْا

Analysis: It was originally (فَمَاإِسْتَطَاعُوْا). It is (جمع مذكر غائب) from the (باب استفعال), the tense being (الماضي المعروف).The (ت) of (استفعال) was deleted.

لَمْ تَسْطِعْ

Analysis: It was originally (تَسْتَطِعْ) from (باب استفعال). The (ت) of (استفعال) was deleted.

لَنَسْفَعًا

Analysis: It was originally (لَنَسْفَعَنْ) on the scale of (لَنَفْعَلَنْ) with (نون خفيفة). It is (جمع متكلم) from (باب فتح). Sometimes the (نون خفيفة) is written in the form of tanwîn.

نَبْغِ

Analysis: It was originally (نَبْغِـي) like (نَرْمِـي), from (بــاب ضـــرب). It is permissible to delete the (ي) from the end of a

336

From the Treasures of Arabic Morphology

word that is (ناقص).

$$\boxed{\text{فَقَدْ رَأَيْتُمُوْهُمْ}}$$

Analysis: This was originally (رَأَيْتُمْ) like (فَعَلْتُمْ). When a pronoun is added to (تُمْ), an extra (و) is first added to the verb after the (م). This rule applies to (تُمْ), (هُمْ) and (كُمْ) when suffixed by a (ضمير).

Sometimes a (ي ساكنه) is suffixed to a verb that is (واحد مؤنث حاضر) when a pronoun is attached to it, e.g. the words of a hadîth, (لَوْ قَرَأْتِيْهِ لَوَجَدْتِّيْهِ).

$$\boxed{\text{أَنُلْزِمُكُمُوْهَا}}$$

Analysis: The verb is (نُلْزِمُ) from (باب افعال). A (همزة الاستفهام) is prefixed to the verb and the pronoun (ها) is suffixed to it. Subsequently a second pronoun (كُمْ) is attached to the verb, thereby requiring a (و) and making the (م مضموم).

From the Treasures of Arabic Morphology

مَثْنَا

Analysis: This is like the verb (خَفْنَا), the word-form being (جمع) (متكلم) and the tense (الماضي المعروف). The question that arises here is that the (مضارع) of this verb is used (مضموم العين) in the Qur'ân. Consequently, the (الماضي) supposed to be (مُثْنَا) like (قُلْنَا) because the word-form is (نصر ينصر). The scholars of tafsîr have answered this objection by stating that this verb is used both on the scale of (سمع يسمع) and (نصر ينصر). In the Qur'ân, the (الماضي) is used from (باب سمع) and the (مضارع) from (نصر).

فَٱنْبَجَسَتْ

Analysis: The verb is (فَٱنْبَجَسَتْ) from (باب انفعال), the word-form being (واحد مؤنث غائب) and the tense (الماضي المعروف). The (همزة الوصل) was deleted because of the precedence of the (ف). Because the (ن) is succeeded by a (ب), it is pronounced as a (م).

دَسَّيهَا

Analysis: This verb was originally (دَسَّسَ) from (باب تفعيل). The final doubled letter was changed to a (حرف العلة). The Arabs often do this.

فَظَلْتُمْ

Analysis: It was originally (فَظَلِلْتُمْ) from (باب سمع). The word-form is (جمع مذكر حاضر) and the tense is (الماضي المعروف). Sometimes the Arabs delete one of the doubled letters. In this case, the first (ل) was deleted. Sometimes it is pronounced (فَظِلْتُمْ) after transferring the harakah of the first (ل) to the (ظ).

قَرْنَ

Analysis: According to some scholars, this verb was originally (إِقْرَرْنَ). According to the previously mentioned rule, the first (ر) was deleted after transferring its harakah. No need remained for the (همزة الوصل). Therefore it was deleted. The word (قَرْنَ) remains.

From the Treasures of Arabic Morphology

بِلِّيْ

Analysis: This is the (بَلَّ يَبِلُّ) of (واحد مؤنث حاضر) from the (إِبْلِلِيْ). It was originally (مضاعف). It is (باب ضرب). The rule of assimilation applies. Similar to this is the word (دِلِّيْ).

يَكُوْنَ

Analysis: First Possibility: It is the (مضارع) of (كان) in the accusative case (حالة النصب).

Second Possibility: It is (جمع مذكر غائب مضارع معروف لفيف مفروق) of (باب ضرب). It was originally (يَوْكُيُوْنَ). The rule of (يَدْعُوْ) first applies to delete the (و). Then the rules of (يَعِدُ) and (يُوْسَرُ) apply to change it to (يَكُوْنَ).

Third Possibility: It is (جمع مؤنث غائب الماضي المعروف لفيف مفروق) from (كرُمَ). Its paradigm of the perfect tense (الماضي المعروف) is as follows:

From the Treasures of Arabic Morphology

(يَكُوَ يَكُوَا يَكُوْ يَكْوَتْ يَكْوَتَا يَكُوَنَ الخ)

$$\boxed{وَقَالُوْا}$$

Analysis: First Possibility: Besides the common verb (قَالُوْا) from (باب نصر), this is made up of two words (وَفَى) and (لُوْا). The former is (واحد مذكر غائب الماضي المعروف لفيف مفروق) from (ضرب) while the latter is (جمع مذكر حاضر الأمر المعروف لفيف مقرون) from (باب سمع).

Second Possibility: The verb is (وَقْوَلَ). It is (جمع مذكر غائب الماضي المعروف لفيف مفروق) from the (باب فعللة). It was originally (وَقْوُلُوْا). The rule of (يقول) was applied whereby the harakah of the (و) was transferred to the (ق) and the (و) was changed to (الف). It became (وَقَالُوْا).

$$\boxed{كَاكَاكَا}$$

Analysis: From (باب إفعنلال), this is (تثنية مذكر غائب الماضي المعروف), the verbal noun being (إِكْوِكْوَاكٌ). It was originally

From the Treasures of Arabic Morphology

like (إِبْرَنْشَقَا) (إِكْوَكْوَكَا). The rule of (يقول) was applied. The (همزة الوصل) was subsequently deleted due to the subsequent letter being (متحرك). It became (كَاكَاكَا).

مِيْنَ

Analysis: This is from the verb (وَمَى يَمِيْ) from the (باب ضرب). It is (جمع مؤنث حاضر لفيف مفروق). The paradigm of the imperative is as follows:

(مِ مِيَا مُوْا مِيْ مِيَا مِيْنَ)

نَصْرُوْ

Analysis: This is from the verb (جمع متكلم) (صَرَى يَصْرُوْ). It is (مضارع معروف ناقص يائي). It was originally (نَصْرُيُ). The rule of (يدعو) was applied and the (ي) was changed to (و).

دَارُوْهَا

Analysis: This is from the verb (جمع مذكر) (دَرَى يَدْرِيْ). It is

342

(اسم الفاعل). It was originally (دَارِيُوْنَ). The rule of (يدعو) was applied and the (ي) was changed to (و). One (و) was then deleted. It became (دَارُوْنَ). When (إضافة) was applied to the pronoun (هَا), the (ن) was deleted.

$$\boxed{رَيًّا}$$

Analysis: From the verb (رَوَى يَرْوِيْ), this is the verbal noun in the singular form. It is (لفيف مقرون) from the (باب ضرب). It was originally (رَوْيًا). The (و) was changed to (ي) and assimilated. It became (رَيًّا).

$$\boxed{سَلُوْنَا}$$

Analysis: First Possibility: It is the imperative (أمر) of (سَأَلَ), the word-form being (جمع مذكر حاضر) with a pronoun (نَا) attached to it.

Second Possibility: It is from the verb (سَلُوَ يَسْلُوْ). It is (جمع متكلم الماضي المعروف ناقص واوي).

From the Treasures of Arabic Morphology

$$\boxed{\text{صَابِّيْ}}$$

Analysis: This is the imperative (أمر) of (صَابَّ), the word-form being (باب مفاعلة) of (واحد مؤنث حاضر). It was originally (صَابِبِيْ). The rule of (إدغام) was applied.

$$\boxed{\text{ضَارَبَّ}}$$

Analysis: From the (باب إفعلاّل), this is the (واحد مذكر غائب). It was originally (إضْوَرَبَّ) like (إقْشَعَرَّ). The rule of (يقول) was applied. It becomes (إِضَارَبَّ). The (همزة الوصل) is deleted. It becomes (ضَارَبَّ).

$$\boxed{\text{لَمَرَ}}$$

Analysis: This was (لَمْ أَرْئَيُ), from the (باب فتح). It is (واحد متكلم النفي مع لم مهموز العين وناقص يائي) (قال). The rule of was applied. Due to the (لم جازمة), the (حرف العلة) is deleted from the end. It becomes (لَمْ أَرْءَ). Subsequently, the rule of

(يقول) is applied and the hamzas are deleted. It becomes (لَمَرَ).

$$\boxed{\text{إِيْلَنَالَ}}$$

Analysis: From the (إفعنلال), this is (واحد مذكر غائب الماضي) (المعروف لفيف مفروق). It was originally (إِوْلْنْوَلَ) like (إبرنشق). The rule of (يقال) is first applied whereby the (و) changes to (الف) and then the rule of (ميعاد) to change the (و) to (ي).

$$\boxed{\text{أَهْإِهْ}}$$

Analysis: From the (باب فعللة), this is (واحد مذكر حاضر أمر) (معروف رباعي مجرد مضاعف). It is like (زَلْزِلْ).

$$\boxed{\text{غَيْرِ}}$$

Analysis: This is (واحد مذكر حاضر أمر معروف رباعي مجرد) (لفيف مقرون) from the (باب فعللة). It was originally (تُغَيْرِيُ) like (تُدَحْرِجُ). The rule of (يدعو) was first applied, followed by

345

deleting the (ت) when constructing the imperative (أمر). The (حرف العلة) was finally deleted from the end. It becomes (غَيْرُ).

$$\boxed{\text{لَا}}$$

Analysis: From the (باب سمع), this is the (أمر حاضر مذكر واحد), the verb being (لَوِيَ يَلْوَي), (معروف لفيف مقرون). It was originally (إلْوَ) like (إخْشَ). The harakah of the (و) is transferred to the (ل) and the (و) is changed to (الف). The (همزة الوصل) is no more required. It becomes (لَا).

$$\boxed{\text{إِنَّ}}$$

Analysis: From the (باب ضرب), this is the (جمع مؤنث غائب) آنَ يَاْيِنُ), (الماضي المعروف مهموز الفا وأجوف يائي). It was originally (إئْنَ) like (بَعْنَ). The rule of (إدغام) is applied. It becomes (إِنَّ). The paradigm of (الماضي المعروف) is as follows:

(آنَ آنَا آنُوْا آنَتْ آنَتَا إِنَّ إِنْتَ إِنْتُمَا إِنْتُمْ إِنْتِ إِنْتُمَا إِنْتُنَّ إِنْتُ إِنَّا)

From the Treasures of Arabic Morphology

إِنَّ إِنَّ

Analysis: From the (جمع متكلم المضارع), this is the (باب ضرب), the verb being (أَنْ يَإِنُّ‎), (المعروف مضاعف). It was originally (نَأْنِنُ‎) like (نَضْرِبُ‎). The rule of (إدغام) is applied to the (ن). It becomes (نَإِنُّ‎). Then (إِنْ شرطية) is inserted before the verb (إِنْ نَإِنُّ‎). The rule of (إدغام) is again applied because the two nūns are adjacent to each other while the final nūn becomes (منصوب). It becomes (إِنْ إِنَّ‎).

ضَرَبَّ

Analysis: It is (واحد مذكر غائب الماضي المعروف رباعي مزيد) from (باب إِفْعَلَالّ). The verb is (إِضْأَرَبَّ‎) like (مهموز العين) (إِقْشَعَرَّ‎). The harakah of the hamzah is transferred to the preceding letter while the (همزة الوصل) is deleted. It becomes (ضَرَبَّ‎).

From the Treasures of Arabic Morphology

$$\boxed{\text{آسَمَان}}$$

Analysis: This is the (تثنية مذكر اسم التفضيل مهموز الفا) from (باب سمع). It was originally (أَءْسَمَان). The rule of (آمن) is applied and the end is read as sākin due to (وقف).

$$\boxed{\text{دَسَّيهَا}}$$

Analysis: This word was originally (دَسَّسَ). There were three sîns together which caused the word to become heavy in pronunciation. Therefore the third (س) was changed to (ي) which then changed to (الف). The same rule applies to the word (تَقَضَّيَ) which was originally (تَقَضَّضَ).

$$\boxed{\text{لَمْ يَتَسَنَّه}}$$

Analysis: This word was originally (يَتَسَنَّسُ). The third (س) was changed to (ي) which then changed to (الف) due to the rule of (قَالَ). When (لم جازمة) entered the verb, the (حرف العلة) was deleted from the end. A (ه) was added for (وقف).

From the Treasures of Arabic Morphology

$$\boxed{\text{جَنْدَرَا}}$$

Analysis: It is (تثنية مذكر غائب الماضي المعروف مهموز العين) from (باب إِفْعِنْلَال). The verb is (إِجْنَنْدَرَا) like (إِحْرَنْجَمَا). The harakah of the hamzah is transferred to the preceding letter while the (همزة الوصل) is deleted. It becomes (جَنْدَرَا).

$$\boxed{\text{كُنْجِيْ}}$$

Analysis: It is (واحد مذكر غائب الماضي المجهول مهموز العين) from (باب إِفْعِنْلَال) (وناقص يائي) like (أُكْئِنْجِيَ). The harakah of the hamzah is transferred to the preceding letter while the (همزة الوصل) is deleted. Waqf is made at the end. It becomes (كُنْجِيْ).

$$\boxed{\text{تَالَى}}$$

Analysis: It is (واحد مذكر غائب الماضي المعروف ناقص واوي) from (باب مفاعلة). The verb was (تَالَوَ). The rule of (يُدْعَى) was applied to change it to (تَالَى).

دَرْيَ

Analysis: It is (واحد مذكر غائب الماضي المعروف ناقص يائي) (ملحق برباعي) from (باب فعللة). The verb was (دَرْيَيَ). The rule of (قال) was applied to change it to (دَرْيَ).

مُوْلِيْ

Analysis: It is (واحد مؤنث حاضر أمر معروف أجوف واوي) from (باب نصر). The paradigm of this verb is (مَالَ يَمُوْلُ مَوْلاً).
The paradigm of the (أمر) is as follows:

(مُلْ مُوْلاَ مُوْلُوْا مُوْلِيْ مُوْلاَ مُلْنَ)

يَمُوْتُ

Analysis: Besides the common verb (مَاتَ يَمُوَتُ), there is a second possibility. It could be (واحد متكلم الماضي المعروف لفيف

يَمُوَ يَمُوْ) from (باب كرم). The paradigm of this verb is (مفروق) (يَمْوًّا). The paradigm of the (الماضي المعروف) is as follows:

يَمُوَ يَمُوَا يَمُوْا يَمُوَتْ يَمُوَتَا يَمُوْنَ يَمُوْتَ يَمُوْتُمَا يَمُوْتُمْ يَمُوْتِ
(يَمُوْتُمَا يَمُوْتُنَّ يَمُوْتُ يَمُوْنَا)

يُهْرِيْقُ

Analysis: This is the (واحد مذكر غائب الماضي المعروف أجوف) from the (باب إفعال). It was originally (يُرِيْقُ). A (ه) was (واوي) added between the first and second letter against the rule (خلاف القياس).

Appendix A

Morphology or Etymology?

What is the subject of (علم الصرف) called in English? Is it Morphology or Etymology? Firstly, let us examine the definitions of both these terms in the light of contemporary works.

The following definition of Morphology appears in *"The Oxford Companion to the English Language"*.

"In linguistics, the study of the structure of words as opposed to syntax, the study of the arrangement of words in the higher units of phrases, clauses, and sentences. The two major branches are inflectional morphology (the study of inflections) and lexical morphology (the study of word-formation)." [21]

The following has been mentioned under the term, 'syntax':

"The ways in which components of words are combined into words are studied in morphology, and syntax and morphology together are generally regarded as the major constituents of grammar, although in one of its uses, grammar is strictly synonymous with syntax and excludes morphology." [22]

We find the following definition in *Websters Dictionary*:
"2 a: a study and description of word-formation in a language including inflection, derivation, and compounding – distinguished from syntax.
B: the system of word-forming elements and processes in

---

[21] The Oxford Companion to the English Language, p. 670, 1992.
[22] Ibid, p. 1016.

a language." [23]

Encyclopaedia Britannica has the following definition:
"In philology, morphology is that branch of grammar which examines the forms of words as well as the principles of word-formation and inflection." [24]

The following definition is found in the *World Book*:
"Morphology: the study of the formation and structure of words." [25]

As for Etymology, the following are some of the definitions one may come across:

"Etymology: Both the study of the history of words and a statement of the origin and history of a word, including changes in its form and meaning." [26]

"...that branch of linguistic science which is devoted to determining the origin of words." [27]

Websters Dictionary provides the following definition:
"The history, often including the pre-history of a linguistic form (as a word or morpheme) as shown by tracing its phonetic graphic, and semantic development since its earliest recorded occurrence in the language where it is found, by tracing the course of its transmission from one language to another by analysing it into the component parts from which it was put together, by identifying its cognates in other languages or by tracing it and its

---

[23] Websters Third New International Dictionary, vol. 2, p. 1470,.
[24] Encyclopaedia Britannica vol. 15 p. 818.
[25] World Book vol.18, p. 518, 1992.
[26] The Oxford Companion to the English Language, p. 384, 1992.
[27] Colliers Encyclopedia vol. 9 p. 378, 1971; Encyclopaedia Britannica vol. 8 p. 804.

cognates back to a common ancestral form in a recorded or assumed ancestral language.[28]

The *World Book* states:
"Etymology is the study of the origins and development of words." [29]

In *Encyclopaedia Britannica*, we find the following definition:
"…that part of linguistics which is concerned with the origin or derivation of words." [30]

The *Students Encyclopedia* states:
"… the study of the origins and history of words."[31]

The *Universal Standard Encyclopedia* has the following:
"… that branch of philology which deals with the origin and derivation of words, and with the comparison of words in different members of the same language group."[32]

Under the word, 'morphology' in *Al-Mughni-Al-Akbar*, an English to Arabic dictionary, the meaning is given as (علم الصرف) while under the entry 'etymology', the meaning provided is (علم الإشتقاق).[33]

In the *An-Nafees English to Arabic Dictionary*, under

---

[28] Websters Third New International Dictionary, vol. 1, p. 782.
[29] World Book, vol. 18 p. 518.
[30] Encyclopaedia Britannica, vol. 8 p. 804.
[31] Students Encyclopaedia, vol. 6 p. 456, 1970.
[32] Universal Standard Encyclopedia, vol. 8 p. 2930, 1956.
[33] Al-Mughni Al-Akbar, Hasan S. Karmi, p. 826 & p. 402, 1997.

morphology, we find the term (علم الصرف) while under etymology, we find the term (علم تأصيل الكلمات).[34]

In the *Hans Wehr Dictionary of Modern Written Arabic*, under the entry (علم الصرف), we find the following: "morphology (gram.)." [35]

These definitions clearly indicate that Etymology deals with the history of words whereas Morphology deals with the subject of word-formation. Hence the most appropriate term for (علم الصرف) would be Morphology and not Etymology as has been erroneously used in some books.

---

[34] An-Nafees, Madgi Wahbah, p. 868 & p. 381, 2000.
[35] Hans Wehr Dictionary of Modern Written Arabic P.513, Third Edition 1976.

Bibliography

المطلوب شرح المقصود في التصريف للإمام أبي حنيفة النعمان بن ثابت الكوفي

روح الشروح للأستاذ عيسى السيروي

إمعان الأنظار لزين الدين محمد بن بير علي محي الدين المعروف ببيركلي

أوضح المسالك إلى ألفية ابن مالك لجمال الدين عبد الله بن هشام الأنصاري

مذكرات في النحو والصرف للدكتور أحمد هاشم وجماعته

شذا العرف في فن الصرف للأستاذ أحمد الحملاوي

مراح الأرواح للشيخ أحمد بن علي بن مسعود

معجم تصريف الأفعال العربية للسفير أنطوان الدحداح

النحو والصرف للدكتور حسن شاذلي ولفيف من العلماء

علم الصيغة للمفتي عناية أحمد

تسهيل في شرح علم الصيغة للقاري محمد أصغر علي

الصرف العزيز لمولانا محمد حسن اللاهوري

عربي كا معلّم لمولانا عبد الستار خان

علم الصرف لمولانا مشتاق أحمد

From the Treasures of Arabic Morphology

كتاب الصرف للحافظ عبد الرحمن امرتسري

معارف الصرف شرح إرشاد الصرف لمولانا عبد القيوم القاسمي

OUR PUBLICATIONS
Available on Amazon

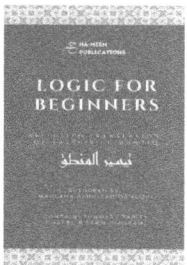

Logic for Beginners
Translation of تيسير المنطق

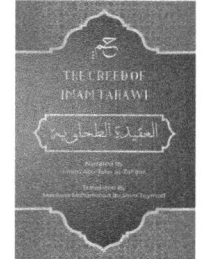

The Creed of Imam Tahawi
Arabic with *English* & *Farsi* translation

Sharh Al-Aqeedah An-Nasafiyyah
English Translation

Solving Tarkeeb
Translation of حلّ تَرْكِيْب

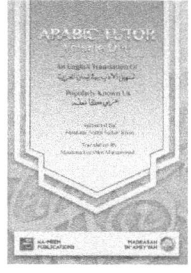

Arabic Tutor: Arbi Ka Mu'allim
(Volumes 1, 2, 3, 4)

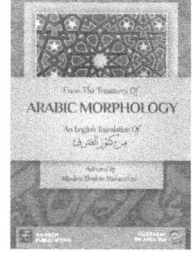

From the Treasures of Arabic Morphology - من كنوز الصرف

Simplified Principles of Fiqh
Translation of آسان اصول فقہ

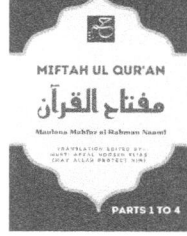

Miftah ul Qur'an
(Volumes 1, 2, 3, 4)

Masail Al Qudoori Made Easy
Question Answer Format (English)

Seeratul Mustafa ﷺ (Abridged): English Translation

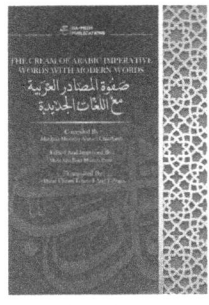

The Cream of Arabic Imperative Words With Modern Words

The Adhān

Fayd al-Mu'in (40 Hadith on the Virtues of the Qur'an)

Commentary on Fayd al-Mu'in

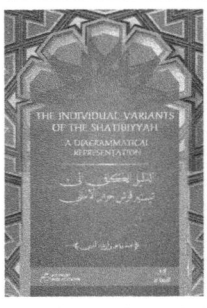

The Individual Variants of the Shatibiyyah

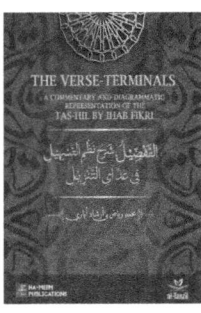

A Commentary of the Tas-hil by Ihab Fikri

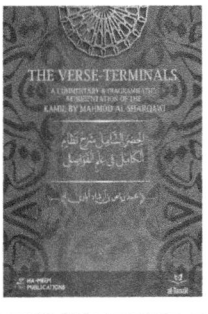

A Commentary of the Kāmil by Maḥmūd al-Sharqāwī

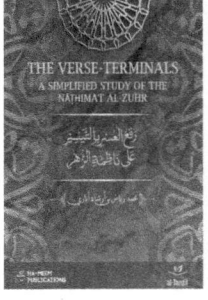

A Simplified Study of the Nāṭhimat al-Zuhr

Al-Hizbul A'zam
(Pocket Size)

Tajweed for Beginners

Qasas Un Nabiyyeen - Part 4
Arabic with *English* Translation

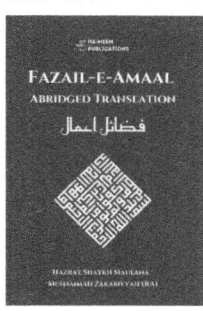
Fazail e Amaal (English)
Virtues of Actions

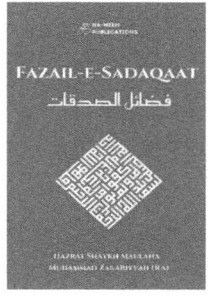
Fazail e Sadaqaat (English)
Virtues of Spending

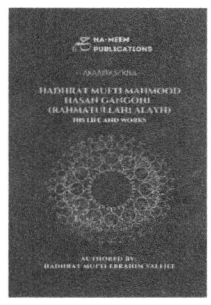
Hadhrat Mufti Mahmood Hasan Gangohi رحمة الله عليه

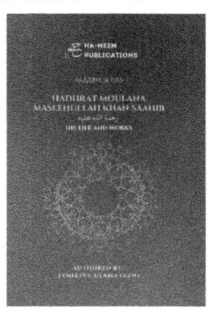
Hadhrat Moulana Maseehullah Khan Saahib Sherwaani
رحمة الله عليه

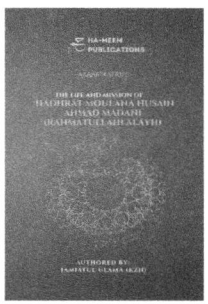
The Life and Mission of Hadhrat Moulana Husain Ahmad Madani
رحمة الله عليه

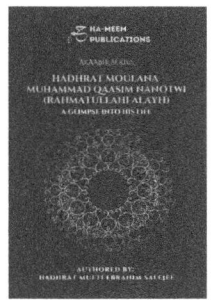
Hadhrat Moulana Muhammad Qaasim Nanotwi رحمة الله عليه

www.ingramcontent.com/pod-product-compliance
Lightning Source LLC
Chambersburg PA
CBHW030910090426
42737CB00007B/148